1년_단3번
경매로
연봉을
번다

KB033858

1년 단 3번 경매로 연봉을 번다

유재현 지음

BM 황금부엉이

프롤로그

필자가 살아온 길을 돌이켜 보면 가난과 평범함이 섞인 학창시절을 보냈고, 평범했던 대학과 중소기업을 다니는 삶을 살았으니 어쩌면 남들과 비슷한 길을 갔다고 할 수 있다.

어렸을 때 아버지께서 주식으로 돈을 다 날리는 바람에 갑작스럽게 형편이 어려워졌다. 초등학교 때부터 약수터로 가서 20리터 물통에 물을 담아 수레로 날랐고 눈이 오면 올라갈 수 없는 언덕에 있는 집에 살았다. 그 집은 오션 뷰도 아닌 마운틴 뷰도 아닌 공동묘지 뷰였다. 이런 상황에서 필자는 하고 싶은 것들을 참으면서 자연스레 돈의 가치와 중요성을 배웠다. 그때부터 커서 돈을 많이 벌어 다시는 이렇게 살지는 않겠다고 다짐에 다짐했다.

하지만 중·고등학교에서는 공부와 좋은 대학이 올바른 길이라 배웠고, 대학교에서는 대기업 또는 앞으로 비전 있는 곳에 취업하는 것이 성공적인 삶이라고 배웠다. 부모님께서도 좋은 대학 진학 후 대기업 입사를 목표로 하는 것이 효도하는 길이라고 말씀하셨다. 어디에서도 필자 자신을 위한 공부를 하라고 알려주는 곳은 없었다.

그렇게 가는 길이 올바른 길이라 믿었고 돈을 위한 공부가 아닌 회사를 위한 공부로 오랜 시간을 살았다. 지금 와서 생각해보니 회사에 종속되기 위해 공부를 한 것 같다. 뭔가 아이러니하다.

같은 머슴이면 양반 집 머슴이 낫다고 그 후 회사에 다니면서도 필자가 하는 일에 대한 전문 자격증과 더 좋은 기업으로 이직하기 위한 공부를 계속했다. 동시에 주식, 펀드, 금, P2P(Peer to Peer, 개인 간 대출 거래), NPL(부실채권), 적금 등 돈을 굴릴 수 있는 여러 가지를 공부하고 실제로 투자도 해봤다. 하지만 실제로 많은 돈을 벌지는 못했다.

그렇게 회사에 입사한 지 4년 차, 연수로는 5년 차에 어머니 지인의 딸이 경매로 아파트 1채를 낙찰받은 후에 당시 필자 연봉의 2배를 벌었다는 소식을 들었다. 그 소식을 들었을 때 머리에 뭔가 강한 충격을 받았다. 그리고 딱 그 시기에 친한 초등학교 동창이 전세로 살던 집이 경매로 넘어갔다는 이야기를 들었다. 그때 앞으로 필자가 이 길로 가야 할 것 같다는 느낌을 받았다.

친구가 겪고 있는 문제에 대해 좀 더 알아보고 관련 공부도 할 겸 경매 관련 도서를 한 달 동안 30권 정도 읽었다. 처음에는 용어도 생소하고 눈에 잘 들어오지 않았으며 읽는 데에도 시간이 상당히 소요됐다. 그러다가 계속 시간을 투자하니 점점 속도가 붙었고 내용이 전보다 빠르게 눈에 들어왔다. 또한, 하루 동안 관련 수업을 해주는 원데이 클래스 같은 곳이나 카카오톡 오픈 채팅방, 경매 카페 등을 이용해 각종 경매 지식을 습득했다.

어느 정도 경매의 기본 토대를 마련했다는 생각이 들자 이후에는 강의료로 꽤 많은 돈을 투자해 하이 클래스 격의 경매 수업을 듣기도 했다. 필드에서 경매를 시작할 때에는 20년 넘게 경매를 한 임경민 대표님의 도움을 받아 경매에서 오는 심리적 불안을 많이 줄일 수 있었다. 지금도 많은 도움을 주시는 대표님께 다시 한번 감사하다는 말씀을 드린다.

그렇게 투자하면서 자신감이 점점 붙어나갔고 법인을 만들어 투자하는 경지에까지 이르던 중에 강력한 부동산 규제가 연달아 나오면서 순간 방향을 상실하기도 했다. 하지만 이내 이러한 규제 속에서도 살길은 있다는 것을 알았고 결국 위기 속에서 기회를 찾을 수 있는 계기가 됐다. 지금도 소액 경매로는 경제적 자유까지는 아니더라도 경제적으로 여유로운 삶을 살 수 있다고 확신한다.

이제 경매를 시작하려는 사람이라면 처음에 어떻게 시작하면 좋은지, 어떻게 하면 좀 더 안전하게 투자할 수 있을지 등을 고민한다는 것을 잘 안다. 필자도 그랬다.

그래서 이 책에 그동안 투자한 경험을 바탕으로 경매 투자의 자세한 방법과 내용, 프로세스를 구체적이면서 좀 더 쉽게 실행으로 옮길 수 있는 지식, 그 고민에 대한 해결방법을 담았다.

경매 책이나 유튜브 등의 매체를 보고 심지어 수백만 원이나 되는 경매 강의를 듣고도 경매를 선뜻 시작하지 못하는 사람이 많다. 일일 특강은 말할 필요도 없고 비싼 수업을 받고도 실제 경매에 뛰어드는 사람이 50%도 안 된다는 것을 알고는 약간 충격을 받았다. '왜 그럴까?'라는 생각을 진지하게 하기도 했다.

생각만 해도 어렵게 느껴지는 권리 분석, 명도는 실제로 그리 어렵지 않다. 정상적인 절차대로 진행하면 문제 될 것이 없다. 시세보다 싸게 사서 비싸게 파는 것도 어렵지 않다. 경매 물건마다 또 다른 절차가 생기지도 않고 완전히 다른 방식이 있는 것도 아니다. 그런데도 경매를 망설이는 이유는 그 상황에 맞는 구체적인 방법을 제대로 알지 못해 생기는 두려움 때문이다.

'투자할 물건은 시세보다 싸게 사야 한다'는 당연한 말이다. 누구나 말할 수 있다. 하지만 처음 부동산을 접하는 사람에게는 시세 파악조차 매우 힘들다. 특히 빌라의 경우라면 상황이 더 심각해진다.

명도의 과정에서도 마찬가지다. 명도의 정상적인 절차대로 하면 문제가 될 게 없는데도 낙찰받은 집에 언제 가보고 임차인이 있다면 어떻게 협상해야 하는지, 대출모집인에게는 어떻게 연락해야 하는지 등과 같은 사소한 것에서부터 어려움을 느낀다. 그래서 비싼 강의료를 내고 들은 이후에도 선뜻 움직이지 못하는 것 같다.

그래서 이 책을 읽고 경매를 시작하려는 예비 투자자들에게 꿈과 희망만이 가득 찬 말이 아닌, 정말 있는 그대로의 현실적인 내용과 실제 낙찰에 필요한 자금, 필자가 겪었던 사례, 구체적인 경매 절차, 실패하지 않기 위해 주의힐 점 등을 자세히 알려주려고 한다. 그래야 경매에 투자할 용기가 생긴다.

경매는 성공보다는 실패에서 많은 것을 배운다. 그렇다고 해도 이 책을 읽는 독자 여러분은 실패에 대해 간접 경험으로 충분히 배우기를 바란다. 아울러 투자에 실패했을 경우 어떠한 탈출 전략이 있고 어떠한 마인드를 가져야 하는지도 이야기하려고 한다.

필자는 지금도 계속 경매를 공부하고 다른 투자자를 보면서 배우고 있다. 아마 경매를 하는 동안 계속 배울 것이다. 이 책을 읽는 독자 여러분보다 한 발자국 더 나간 사람이라고 봐도 된다. 그래서 그 한 발자국을 어떻게 하면 내디딜 수 있는지 잘 알고 있다. 이제 막 시작했다면 필자처럼 한 발자국 더 나간 사람의 이야기에 좀 더 공감할 수 있을 것이다. 처음부터 고수나 하는 특수 물건에 도전하는 사람은 거의 없기 때문에 너무 어려운 이야기는 예비 투자자들에게는 맞지 않다.

경매는 언제나 레드 오션이었고 앞으로도 그럴 것이다. 그렇기에 꾸준히 하는 사람이 이긴다. 평범한 대학교를 나와 평범한 직장을 가진 필자도 이겨나가고 있다. 필자가 똑똑해서 이긴 것이 아니다.

꾸준히 했기 때문에 이긴 것이다. 그렇게 필자는 모두가 올바른 길이라고 생각하는 그 길에서 벗어나 조금씩, 조금씩 나(필자)만의 길을 만들어 나아가고 있다.

Contents
차례

1장

정말 이렇게밖에
못 사는 걸까?

2장

부동산 경매가
어때서

3장

경매를 시작하기 전에
알아야 하는 것

Contents
차례

4장

생애 처음으로
낙찰받다

5장

매도가 빠른 물건을
낙찰받다

6장

규제 속에서도
아파트 낙찰은 가능하다

7장

1년에 3번
낙찰받기

정말 이렇게밖에
못 사는 걸까?

1 6년 차
직장인 유 대리

필자는 6년 차 직장인이다. 처음에는 병원에서 근무했는데 200만 원도 안 되는 월급을 받고 한 달에 250시간 정도 일했다. 쉬는 날은 물론 있었지만 따져보면 하루에 8시간씩 주말 없이 가고도 10시간 더 일해야 하는 직장이었다. 일하고 잠자고 일어나면 또 일하고 잠자고….

'아, 내 인생은 정말 일만 하는 생활이구나' 싶었다. 필자가 일한 시간을 보면서 더는 안 되겠다 싶었다. 나(필자)를 위해 사는 게 아니었을 뿐만 아니라 일 외에는 아무것도 할 수 없었다. 그래서 3개월 만에 때려치웠다.

반복되는 일상에 중독되다

　병원과 같은 특수한 직장에서 그동안 주말이 없는 삶을 살았다고 생각해 일반적인 회사로 이직했다. 최저 시급에 일한 만큼 인센티브를 받는 형식이었는데 초반에는 거의 기본급만 받아간다고 회사에서 말했다. '왜 그렇지?' 하고 의문을 품은 것도 잠시, 일을 해보니 왜 그런지 알 것 같았다. 평균적으로 회사의 일에 익숙해지려면 1년 정도 소요된다고 한다. 그래서 그런지 무척 일이 어렵게 느껴졌고 혼나기도 많이 혼났다.

　주 5일, 8시간 근무는 맞는데 야근하는 날이 허다했다. 초반에는 일은 일대로 하면서 월급은 병원 때보다 더 적게 받았다. 일의 강도도 병원 때보다 힘들어서 입사 동기들은 몇 개월 내에 다 떠났다.

　필자도 '이 길이 내 길이 아닌가 싶다'라는 생각을 하다가도 '그래도 병원보다는 낫겠지…'라는 생각에 버텼다. 그렇게 버티고 시간이 지나니 일이 점점 쉬워졌다. 신기했다. 이전과 같은 일을 했는데도 처리하는 시간이 빨라지고 진급도 하고 월급도 늘어나고 칭찬도 많이 받았다. 내부에서 인정을 받자 신입 직원 교육을 맡기도 했다. 이렇게 되자 회사생활이 점점 만족스러웠다. 버티길 정말 잘했다는 생각을 하며 뿌듯함을 느끼기도 했다. 그렇게 회사라는 달콤한 마약에 서서히 중독되고 있었다.

　그러기를 1년 반, 반복되는 업무, 맨날 컴퓨터 앞에 앉아 작업하면서 거북이가 되어가는 목과 어깨, 손가락 통증으로 인해 손과 어깨를 주무르며 일했다. 회사 출근 시간만 1시간 30분 정도여서 퇴근하면 집에 8시쯤에 도착했다. 저녁 먹고 3~4시간 후에는 자야 내일 또 일찍 일어날 수 있었다. 물론 주말에는 일하지 않아서 병원 때와 비교해보면 만족스러웠지만 평일에는 개인 시간이 없었고 출근과 퇴근할 때에는 여기가 지하철인지, 수용소인지 모를 정도로 끼이고 치이고가 매일 반복됐다. 점점 회사 가기가 힘들어졌다. 또한, 고객과의 마찰 및 민원, 회사에서의 실적 압박이 점점 필자 어깨에 짐처럼 쌓이기 시작했다. 초반에는 올려도 괜찮은 무게의 짐들이었으나 시간이 갈수록 쌓이고 쌓여 점차 무거워지기 시작했다. 그렇게 되니 원래는 가벼운 일들도 무겁게 느껴졌다.

'이런 게 슬럼프인가?' 싶어 업계 선배들과 이야기를 나누다가 지금 필자가 하는 일의 정년이 길지 않다는 사실을 알게 됐다. 50대 정도가 한계이고 그것마저도 많아야 초반이라는 것이 아닌가! 그렇다면 50살 이후에 이 일만 해왔던 필자는 다른 일을 할 수 있을까? 아무리 생각해봐도 답이 나오지 않았다. 마땅치 않으면 몸 쓰는 일을 해야 하는데 젊은 사람도 많은 상황에서 50살이 된 필자를 누가 받아줄까 싶었다.

이런 경험이 있는가? 나보다 약간 앞에 버스가 보인다. 50미터 앞에는 버스 정류장이 있다. 그 버스는 한 번 떠나면 20분은 기다려야 탈 수 있다. 그 버스를 타기 위해 전력으로 달려가는데 눈앞에서 버스를 놓친 적이 있었다면 알 수 있을 것이다.

'허탈감.'

그런 느낌이 들었다. 필자가 열심히 달린다고 해도 이 회사에서는 그 버스를 탈 수 없을지도 모른다.

이왕 내 시간과 몸을 쓸 거라면 좀 더 환경이 좋은 곳에서 일하는 게 낫겠다 싶었다. 좀 더 미래가 있는 곳으로 가고 싶었다. 그래서 몸과 심리적 통증을 줄여줄 좀 더 강한 마약을 찾기로 결심했다.

대기업은 쉽게 들어갈 수 없는 곳

전문 자격증을 준비하면서 영어를 공부해 대기업에 입사하기로 목표를 세웠다. 아마 많은 직장인이 필자와 비슷한 상황인 경우가 많을 것이다. 저음부터 공기업, 대기업에 들어간 사람보다 그렇지 않은 사람이 더 많을 테니깐 말이다.

그렇게 회사에 다니며 공부를 시작했다. 토익 점수는 사라진 지 오래다. 사라지기 전에도 토익 점수는 썩 좋지 않았다. 그런데 3년 만에 다시 시작하려니 어떤 것부터 시작해야 하는지 감이 잡히지 않았다. 영어 듣기를 하는데 뭐라고 떠드는 건지 전혀 이해할 수 없었고, 전보다 난이도가 올라간 건지, 아니면 워낙 영어를 안 들어서 안 들리는 건지 구분조차 되지 않았다. 듣기뿐만이 아니다. 요즘 영어 지문은 뭐 이리 긴지 한글로 써놔도 답을 못 고르겠다는 생각이 들었다.

요즘 대기업의 경우 영어 스피킹은 기본적으로 되어야 서류라도 넣어 볼 수 있다. 안 그래도 자신 없는 영어에 말하기까지 겹쳤으니 산 넘어 산이었다.

그래도 열심히 두 달을 공부해서 시험을 봤다. 점수가 충격적이어서 솔직히 기억이 잘 안 나지만 400점대인가 나왔던 것 같다. 아무것도 모르는 사람이 1번으로만 찍어도 250점일 텐데…. 그렇게 필자는 가고 싶은 대기업 중 영어가 필수인 대기업의 목록을 지웠다.

영어는 안 될 것 같아 전문 자격증 시험을 준비했다. 1차와 2차 이렇게 두 번을 보는 시험인데 예전에 공부한 적이 있었고 일하는 업무와 겹치기도 해서 한층 더 수월하게 공부를 할 수 있었다. 회사와 도서관을 오가며 준비해 1차 시험을 봤다. 객관식 문제라 그런지 그다지 어렵지는 않았다. 그렇게 자신감이 붙은 필자는 2차 시험도 바로 시작했다. 2차는 주관식이라 합격률이 높지 않다고 해서 1차 준비 때보다 더 열심히 준비했다. 평일에는 퇴근해서 새벽 3~4시까지 공부했다가 날이 밝으면 출근하고, 주말에는 도서관에 살면서 편의점에서 끼니를 때우며 필자를 강하게 내몰았다.

그렇게 4개월 동안 열심히 공부한 결과 평균 2~3점 차이로 떨어졌다. 합격 점수가 52점이었는데 49점인가 50점인가의 아슬아슬한 점수로 말이다.

시험에 떨어지고 보니 다시 한번 필자가 공부에 적합한 머리는 아니라는 생각이 들었다. 그래도 포기하지는 않았다. 머리가 좋지 않으면 꾸준함이라도 있어야 한다고 생각해 필자의 강점을 적극적으로 활용해야 했다. 1차 합격의 결과는 내년까지 유효하니 한 번의 기회가 더 남아있다.

하지만 내년까지 준비하기에는 여건이 되지 않아 어쩔 수 없이 1차 합격과 3년 동안의 경력으로 같은 직종의 더 좋은 회사에 지원했다. 예전에 입사할 때 썼던 자기소개서를 이메일 한구석에서 찾아 수정하고 현재 경력을 붙여 지원했다. 원래는 비교적 쉽게 들어갈 수 있는 분야였는데 경제가 좋지 않은 상황의 영향인지 일자리는 적고 지원자가 많아지는 바람에 지원하는 족족 떨어졌다. 외부 환경이 그렇다고 해도 어쩌면 변명이라고 생각했다. 필자 실력이 그 정도인 것 같았다. 경력이 있는데도 불구하고 면접 볼 기회조차 얻지 못했다. 그렇게 필자는 떨어진 이유를 곱씹으며 항상 가던 회사에 항상 타는 지하철을 타고 다시 출근했다.

2 회사를 위한 공부 대신 선택한 것

'어떻게 하면 돈을 더 벌 수 있을까?'

회사를 다니면서 항상 하던 생각이었다.《돈의 속성》저자 김승호 회장은 '가장 나쁜 투자는 아무것도 하지 않는 투자'라고 말했다. 필자도 그 말에 적극적으로 동의한다. 그 기간에 해당하는 물가 상승률 이상을 손해 보는 행위이기 때문이다. 특히 최근에 아파트 상승을 몸소 경험한 사람들은 더 실감할 수 있을 것이다. 그렇기에 투자는 계속해야 한다. 돈이 일하게 하는 방법을 찾아야만 한다.

가장 빨리 할 수 있는 돈 버는 방법이 있다. 바로 한 달 생활비를 줄이는 것이다. 한 달 생활비로 100만 원을 사용한다면 60만 원, 70만 원으로 줄인다. 그렇게 하면 줄어든 금액만큼 통장에 남으니 돈을 번 것이 된다. 투자금으로도 쓸 수 있다.

여러 재테크 도서에서도 절약하는 방법, 생활비 줄이기, 쓸데없는 지출은 하지 않기 등의 이야기는 빠지지 않는다. 실제로 그렇게 실행하면 월 지출이 줄어든다. 하지만 필자는 그렇게 하지 않았다. 안 그래도 팍팍한 삶에 조금이라도 즐길만한 비용은 필요하다고 생각했기 때문이다. 외제 차나 명품 등의 사치를 부리지 않는 대신 맛있는 음식을 먹고 친구들과 시간을 보낼 때 돈을 주로 쓰는데 그것마저 줄인다는 게 내키지 않았다. 원래 필자의 신조는 '많이 벌고 많이 쓰자'이다. 먹고 싶은 것, 마시고 싶은 것 정도는 했으면 했다.

생활비를 줄이는 것 다음으로 생각한 방법이 좋은 기업으로 이직해 수입(월급) 자체를 늘리는 것이다. 절약보다 훨씬 좋은 방법이라고 생각해서 열심히 자격증 시험을 공부했다. 하지만 시험의 벽은 높았다. 원래 공부를 잘하는 편은 아니었는데 직장과 병행하면서 공부를 하니 이도 저도 되지 않았다(이러한 필자도 부동산 경매는 충분히 잘하고 있다). 토익 시험도 마찬가지였다. 4년 만에 다시 시작한 영어는 정말 색다르게 보였다. 앞에서 말한 400점대의 점수를 받았고 그렇게 토익 책을 덮었다.

공부 대신 재테크

돈을 좀 더 불려보자 싶어 한 달에 20만 원씩 넣는 펀드를 3개 가입했다. 결과적으로 많은 수익은 보지 못했다. 적금 이자보다는 많았지만 투자한 돈이 많지 않아서인지 영 성에 차지 않았다. 게다가 3개 중 하나는 마이너스 수익률이 날 뻔하기도 했다. 그래서 해지했다.

다음으로는 좀 더 위험 부담이 있는 NPL(부실채권) 투자를 해봤는데 이내 어렵다고 생각해 주식으로 눈을 돌렸다. 주식 관련 책을 읽고 투자하려고 하자 아버지의 수순을 밟을 것 같아 걱정한 어머니께서 극구 반대해 실행에 옮기지 못했다. 당시 투자하려던 회사는 이후 2배 넘게 올랐다. 그래도 지금은 경매로 돈을 벌고 있어서 아쉽지는 않다.

이후 다른 투자는 해보겠다고 마음먹던 중에 P2P(Peer to Peer) 펀딩을 발견했다. 이건 돈이 좀 될 것 같은 느낌이 들었다. 투자하면 적게는 10%에서 많게는 20% 이상 벌 수 있다는 이야기도 들었다. 거기에 혹 빠져 P2P 관련 온라인 카페에 가입하고 정보를 얻으며 투자를 진행했다. 처음에는 소심하게 10만 원씩만 투자했다. 대부업체가 중개인이 되어 투자자와 자금이 필요한 사람을 연결해주고 그 사이에서 중개료를 받는 형식이었고 한 달에 한 번 이자를 만기 시까지 받는 구조였다. '계란을 한 바구니 안에 담지 마라'는 투자 명언처럼 소액으로 2~3곳, 많이 할 때는 10곳 이상에 투자금을 넣었다. 생각보다 들어오는 이자가 쏠쏠했다.

투자하는 동안 좀 더 믿음이 간 곳에는 펀드를 해지하면서 받은 수백만 원을 넣기도 했다. 그러다가 투자 한도인 2,000만 원 가까이 투자하기도 했다. 그렇게 금액이 쌓이면서 이자가 괜찮게 들어왔다. 나름 할 만한 투자라는 생각이 들 정도였다. 그런데 얼마 가지 않아 운영을 종료했다. 다른 곳을 알아보기로 했는데 투자금 대비 시간을 너무 많이 사용하는 것 같은 느낌이 들어 그만뒀다.

나를 위한 공부

이번에는 '부동산 리츠에 투자해볼까?' 하던 중에 어머니 지인의 딸이 경매로 큰돈을 벌었다는 이야기와 전셋집이 경매로 넘어가 걱정하는 친구의 이야기를 듣고 나서 경매 공부를 택했다.

공부할수록 신기했다. 수익률은 수십에서 수백 퍼센트, 경매 고수라면 수천 퍼센트까지 올릴 수 있는데 주식, P2P보다 안전했다. 입찰 가격을 직접 적을 수 있었기에 부동산 시세만 잘 파악한다면 스스로가 수익률을 조절할 수 있었다. 물론 시작하기 전에 기본적인 공부는 해야 했다. 아무리 소액으로 투자한다고 해도 초반에 수백만 원 이상이 들어가는 만큼 한 번의 실수로 (보증금) 수백만 원 이상을 한 번에 날릴 수도 있기 때문이다. 투자하는 금액이 크다면 그만큼 공부에 공을 들여야 했다.

그렇게 더 좋은 회사를 가기 위해 토익을 공부하는 것 대신 돈 공부를 시작했다. 대기업에 들어간다고 해도 실질적인 정년은 많아야 50대다. 그 이상 근무하려면 임원이 되어야 한다. 하지만 임원이 될 수 있는 사람은 0.7%에 불과하다고 한다. 수많은 경쟁을 뚫고 입사한 인재 1,000명 중에서 7등을 해야 임원이 될 수 있다. 임원이라고 해도 정년이 보장되지 않는다.

대기업을 다닌다고 삶이 얼마나 달라질까? 단지 1년에 연봉이 몇 천 더 오르는 정도?

30살부터 50살까지 20년 동안 실제 받는 실수령액이 3,000만 원 차이가 난다고 가정해보면 20년간 6억 원을 더 받을 수 있다(대기업을 다니면 월 지출이 더 많아질 가능성이 높다). 물론 6억 원이 적은 돈은 아니고 복리로 굴린다면 더 많이 모을 수 있을 것이다. 그래도 중위 가격(아파트를 가격 순서대로 나열했을 때 가장 중앙에 있는 가격)이 10억 8,000만 원인 서울 아파트 1채를 살 수 없는 돈이다(2021년 12월 기준). 경기도라면 어떨까? 경기도 아파트 중위 가격은 8억 원을 향해 가고 있다(2021년 5월 기준). 대출을 받으면 좀 더 빨리 아파트를 살 수 있을지 모른다. 그렇다고 해도 최소 수년의 시간이 필요하다. 그 사이 아파트의 가격은 더 오를 수 있다.

회사가 전부라고 생각하는 사람들에게 조심스럽게 말하고 싶다.

"그래 봤자 회사다."

회사는 나를 위한 곳이 아니다. 나를 위해 일할 수 있는 곳(분야 등)을 찾아야 한다.

경매를 알게 된 후 경매에 대한 궁금증이 생기면서 관련 공부를 시작했고 지금까지도 계속 공부하고 새로운 방법을 찾고 있다. 그래서 필자는 더 이상 토익 공부를 하지 않고 있다. 회사를 위한 공부도 하지 않는다. 돈이 돈을 불러오는 공부를 하고 있다. 필자가 일하는 삶이 아닌 돈이 일할 수 있게 만드는 삶을 살기 위해서다.

3 경매 1건으로 연봉만큼 벌다니

자격증 시험에도 떨어지고 서류전형에서부터 줄줄이 탈락했던 필자는 다니던 회사에 점점 익숙해지며 녹아들고 있었다. 현재 다니는 회사에서도 중소기업치고는 먹고살 만한 월급을 받고 있었는지라 회사 외의 무언가를 생각하지 못했다. 회사 말고는 크게 돈 벌 수 있는 곳이 없었기에 더욱 회사에 매달릴 수밖에 없었던 것 같다.

여러 재테크 정보를 보면 항상 나오는 이야기가 있다.

'파이프라인을 여러 군데 만들어 놓아야 한다.'

즉, 돈 들어올 수 있는 곳을 여러 군데 만들어 놓으라는 말이다. 근데 당시 필자는 그 파이프라인이 회사 월급 하나밖에 없었다. 그래서 더 간절하고 치열하게 일했던 것 같다. 회사 업무를 어떻게 하면 빨리 숙달할 수 있을지, 효율적으로 업무를 처리하는 방법은 없는지 끊임없이 생각했다. 그 결과, 업무에 관한 필자만의 프로세스화를 정립하고 그대로 일하는 방법을 만들었다. 그렇게 하면 신기하게도 일의 진행이 수월해졌고 업무 성과도 좋았다. 그렇게 해서 월급 외 인센티브를 늘려나가는 데 시간 대부분을 사용했던 것 같다.

파이프라인이 하나인 만큼 월급에 대해 예민해질 수밖에 없었다. 업무 성과가 생각보다 낮게 나오면 상급자에게 가서 왜 이런 업무 성과 결과가 나왔는지 확인하고 어떨 때는 약간의 언쟁을 벌인 적도 있었다.

회사의 업무 특성상 여름에는 약간 한가하고 겨울에 일이 많았다. 여느 겨울 때처럼 화장실 갈 시간도 줄여가며 일을 했다. 작년 이맘때와 비교했을 때보다 늘어난 인센티브와 승진으로 늘어난 월급을 보며 무척이나 뿌듯했던 기억이 있다.

얼마나 월급이 올랐는지 계산을 해보니 평균 50만 원 정도였던 것 같다. 늘어난 월급을 얼마나 저축할지, 좀 더 맛있는 음식을 얼마나 더 먹을 수 있는지에 대한 행복한 생각을 하며 힘든 일을 버텼다. 그 향상된 월급은 필자에게는 일할 수 있게 하는 힘의 원천이자 일을 더 열심히 하게 만드는 버팀목이었다. '이게 일의 가치구나'라고 다시 한번 알게 해줬다.

경매를 알게 되다

그렇게 열심히 회사의 돈을 불려주고 있던 필자는 충격적인 소식을 하나 듣게 됐다. 어머니 지인의 딸이 경매로 8,000만 원의 수익을 냈다는 소식이었다. 그것도 딱 한 번의 경매 낙찰로 그만큼을 벌었다고 한다.

서울 문정동에 있는 아파트를 하나 낙찰받았는데 명도하는 도중에 시세가 크게 올랐고 팔 때가 되었을 때는 수익이 꽤 높았다. 나중에 안 사실인데 당시에는 개인 투자로 2년 내 매도 시 양도세를 44% 정도 내야 했다. 그때에는 그것을 몰랐다. 현재는 1년 미만 보유 후 매도 시 양도차익의 77%(국세와 지방세 포함)를 세금으로 내야 한다(양도차익이 10억 원 이상이라면 최대 82.5%까지 세금이 부과된다).

그렇게 번 돈으로 가족, 친척 모두 해외 크루즈 여행을 다녀왔다고 한다. 그래도 돈이 남았다고 한다. 당시가 바로 앞에서 언급했던 늘어난 월급으로 행복한 생각을 하며 일을 더 열심히 해야겠다고 생각한 그 시기였다. 그해 최고 인센티브를 받을 수 있다는 생각에 더욱 열심히 했던 어느 겨울, 필자는 몇십만 원을 더 받을 생각에 너무도 행복해하고 있었는데 어머니 지인의 딸은 회사는 회사대로 다니면서 부가적인 수입으로 8,000만 원을 벌었던 것이다.

허탈했다. 정말 허탈했다. 필자는 50만 원 더 벌기 위해 매일 8시간 이상, 점심도 거르며 시간을 쏟아붓고 있었는데 다른 누군가는 약간의 시간을 더 투자해 몇천을 벌었다. 그때에도 모았던 돈을 좀 더 늘리기 위해 재테크를 해 10~20만 원씩 모으면서 '이런 게 투자의 묘미구나'라고 느끼고 있었던지라 더 그렇게 느꼈던 것 같다. 그때 필자의 돈이 갖는 시간과 다른 사람의 돈이 갖는 시간은 다르게 흘러가고 있다는 것을 몸소 배웠다.

경매에 한발 다가서다

그때부터였다. 필자가 경매에 큰 관심을 둔 계기가⋯. 경매와 관련해 인터넷 등으로 찾아보니 경매도 하나의 투자가 된다는 것을 알게 됐다. 가볍게 찾은 정보만으로도 점차 확신이 들었다. '아, 내가 해야 할 투자는 경매였구나'라고. 아니, 이미 8,000만 원을 들은 순간부터 필자 머릿속에 확정되어 있었을지도 모른다.

그렇게 경매 공부를 시작했다. 알아보니 경매는 꼭 몇천, 몇억이 있어야 하는 것이 아니었다. 적은 금액으로도 충분히 가능하다는 사실을 알게 됐고 필자가 갖고 있는 자금으로도 충분히 할 수 있다는 것을 알게 됐다.

경매 관련 책 2권을 사서 읽고 있을 무렵, 우연히 초등학교 때부터 알고 지낸 친한 친구가 전세로 사는 집이 경매로 넘어갔다는 이야기를 들었다. 어떻게 그런 우연이 있는지⋯.

친구를 도와주기 위해 좀 더 경매 공부에 집중하다 보니 경매로 경제적 자유를 얻을 수 있겠다는 확신이 들었다. 회사에 다니지 않아도 충분히 먹고살 만한 돈을 벌겠다고 다짐했던 순간이었다.

우선은 딱 내 연봉만큼 벌고 싶었다. 좀 더 알아보니 어머니 지인의 딸은 경매에 투자한 금액이 많았다. 그 당시 서울 아파트에는 대출이 50% 정도 나왔는데 나머지 50%는 자기 자본이 있어야 했다. 사실 그게 몇억 원이나 됐다. 투자한 금액이 많아서 그만큼 돌아오는 수익도 많았다는 것을 알았기에 우선 필자는 소액으로 여러 번, 그리고 연봉만큼의 수익을 목표로 잡았다.

목표를 다잡고 경매를 공부하던 중에 회사에서 친하게 지내는 후임(나이는 필자보다 위다)과 이야기를 하다가 예전 필자의 모습을 느끼는 일이 있었다. 이번 달 인센티브는 어떻고, 얼마나 많이 받았는지에 대해 이야기하면서 그것으로 행복을 느끼고 회사를 계속 다닐 힘을 얻는 것 같았다. 예전의 필자를 거울로 보는 것 같은 느낌이랄까…. 익숙하면서도 낯설었다. 그 모습을 보면서 확실하게 알 수 있었다.

'앞으로 나는 회사와 멀어질 것이다.'

이후 필자는 회사와 조금씩 거리를 두기 시작했다. 지금 와서 생각해 보니 경매를 공부하고 투자해서 수익이 늘어날수록 회사와의 심리적 거리는 멀어지기 시작한 것 같다. 파이프라인을 왜 만들라고 하는지 알 수 있었다. 필자의 인생과 미래를 책임져주지 않는 회사는 필자에게 전부가 아니었다.

경매를 하면서 회사 내 다른 직원들과 경쟁하는 삶에 회의가 들었고 월급에 대한 예민함도 점점 사라져갔다. 업무 성과가 낮게 나왔다고 해서 왜 이렇게 된 건지 묻지 않았다. 50만 원을 더 벌기 위해 회사에 남아 있지 않았다. 그렇게 필자는 경매에 첫발을 디딜 정신적 준비를 마쳤다.

4 경매, 어떻게 공부할 것인가?

'경매를 하기 위해서는 맨 처음 무엇을 해야 할까?'

필자가 경매를 시작하기로 마음먹은 순간 했던 생각이었다. 아무리 소액으로 한다고 해도 수백만 원 이상 내 돈을 투자해야 하므로 함부로 투자할 수는 없었다.

그렇게 필자는 경매를 어떻게 시작할지 고민했는데 그 결과가 바로 '공부'였다. 무작정 입찰 법정을 가기 전에 제대로 공부를 해야 한다고 생각했다. 필자가 경매 공부를 할 때의 경험을 토대로 효율적인 공부법은 무엇인지 이번에 독자 여러분에게 알려주고자 한다.

첫째, '관련 책을 읽는 것'이다. 가장 대중적인 방법인 책을 통해 경매에 대한 지식을 얻고자 바로 서점으로 달려갔다. 책 2권을 샀고

이 중 1권은 하루 만에 다 읽었다. 요즘 경매 책들은 쉽게 설명하고 있어서 가벼운 마음으로 읽을 수 있다.

생애 처음으로 경매 책을 읽은 후에 '경매가 생각보다 엄청 어렵지 않구나'라는 생각을 했다. 그동안 필자가 갖고 있던 경매에 대한 심리적 장벽이 꽤 높았던 것이다. 처음으로 관련 책을 읽으면서 경매에 대한 편견이 많이 사라졌다. 위험하고, 전문적이고, 복잡하게 얽혀서 변호사를 선임해 소송해야 하는 일 등은 거의 없었다. 부정적인 내용을 자극적으로 다루는 기사나 뉴스만을 보고 경매에 대한 생각 자체가 편향적으로 굳어졌기 때문은 아닐까? 제대로 된 정보를 얻지 못한 상태에서 한 면만 바라보고 생각하는 것은 투자나 정보 습득에 있어 크나큰 독인 것 같다. 그 1권의 정확한 정보로 십수 년의 편견이 깨졌다. 그다음 날 나머지 1권을 다 읽었다. 2권 정도 읽으니 경매라는 것이 무엇인지 대략 알 수 있었다. 쉬운 물건들은 권리 분석도 생각보다 어렵지 않았고, 등기사항전부증명서(이하 '등기부등본')를 보는 법도 알 수 있었다.

여기서 중요한 팁이 있다. 처음 경매를 책으로 접하려 한다면 쉬워 보이는 경매 책부터 읽기 시작해야 한다. 처음부터 경매의 바이블, 경매의 정석 같은 콘셉트의 두꺼운 책을 읽는다면 읽어도 무슨 말인지 이해하기 어렵고 경매에 대한 흥미까지 떨어질 수 있다. 처음 경매를 접한다면 읽기에 부담 없는 책을 선택하는 것이 경매에 대한 관심을 점차 늘려나가는 방법 중 하나가 될 수 있다.

둘째, '다독 후 어려운 내용의 책을 읽는 것'이다. 앞에서 설명한 첫째와 따로 구분한 이유가 있다. 쉬운 내용의 책에서는 기본적인 과정 중심으로 알 수 있다면, 어려운 내용의 책에서는 기본적인 과정을 안 다음에 알아야 하는 것을 중심으로 알 수 있어서다. 예를 들어, 입찰하면 안 되는 물건의 권리나 상태를 상세하게 설명해주는 내용 등을 다루고 있는데 실제 현장에서 안전한 입찰에 많은 도움이 됐다.

필자는 가벼운 마음으로 2권을 다 읽고 다시 서점으로 가서 10권 정도 추가로 샀다. 4~5권까지 쉬운 내용 위주의 책을 읽고 나니 경매에 대한 흐름과 책마다 중복되는 내용을 알 수 있었다. 그다음에는 경매에 대해 좀 더 심층적으로 다룬 책들을 중심으로 며칠에 걸쳐 읽으니 경매에 대해 눈이 더욱 떠지기 시작했다. 그렇게 내용이 쉬운 책과 어려운 책을 10여 권 읽으니 당장 경매에 입찰해도 괜찮겠다는 생각이 들기도 했다. 책 한 권, 한 권마다 저자의 노하우가 각각 담겨 있다. 관련 책을 여러 권 읽었다고 해도 필자가 모르는 내용이 적어도 하나 이상은 있기 때문에 최근에도 꾸준히 읽고 있다.

셋째, '카카오톡 오픈 채팅방 이용'이다. 책을 읽다가 '관련 방도 있을 것 같은데?'라고 생각한 후에 찾아보니 '역시나!' 방이 수십 개가 있었다. 대부분 비밀번호가 걸려 있었지만 그래도 잘 찾아보면 정보 교류도 활발하고 질의응답도 잘해주는 방이 있으니 이용해보면 좋다. 경매로 낙찰받은 사람들의 경험, 권리 분석의 결과 등을 공유할 수 있으며 경매 물건에 대해 위험요소들을 물어보면 피드백도 빠르다. 입찰하기 전에 알고 있는 지식이 맞는지를 다시 한번 확인할 수 있으니 처음 경매를 하는 사람들에게는 꼭 필요하지 않을까 싶다. 책, 인터넷에서는 찾기 힘든 아주 사소한 부분도 물어볼 수 있다. 필자도 채팅방을 운영하고 있고, 다른 채팅방에도 참가하면서 경매, 부동산에 대한 최신 정보와 투자 방법들을 교류하고 있다.

넷째, '강의 듣기'이다. 문화센터, 문화회관, 고용센터 같은 곳에서도 경매 강의가 열린다(코로나19로 주춤했는데 최근에 다시 열리는 것 같다). 필자도 초반에는 한 고용센터에서 진행하는 경매 강의를 듣고 싶었으나 회사에 다니고 있어서 시간이 맞지 않아 듣지 못했다. 평일에 시간이 자유로운 사람이라면 가볍게 들어볼 만하다.

필자의 경우 책, 오픈 채팅방 등으로는 채워지지 않는 부분이 있었다. 바로 '입찰하려는 물건의 안전성이 확실한지'에 대한 것이었다. 경매 물건을 보다 보면 신경 쓰이는 사소한 것이 의외로 많은데 이 때문에 많은 경매 물건을 놓쳤다. 경매에 대한 이론을 많이 알고 있다고 해도 막상 입찰하려면 신경 쓰이는 부분이 적지 않았다. 처음 시작하는 사람이라면 대부분 알 것이다. 그 당시 필자는 이러한 질문들을 즉시 해결해줄 수 있는 강사를 찾고 있었다(현재 필자가 강의를 하고 있는데 경매를 시작하는 사람들의 이런 심정을 잘 알고 있어 강의 후에도 일정 기간 동안 입찰 물건의 안전성, 권리 분석 등에 대한 정보를 주고 있으며 채팅방을 운영하면서 질의가 있으면 답해주고 있다).

시간이 맞는 강의를 중점적으로 들었다. 필자는 첫 낙찰 후에 강의를 듣기 시작했다. 가격이 부담됐으나 어차피 투자를 한다면 제대로 해야 탈이 없다는 생각에 들은 것이다. 그렇게 수만 원~수백만 원짜리 강의를 들어봤다. 보통 수백만 원짜리 강의를 들으면 시간 낭비, 돈 낭비라고 하는 사람이 많다. 하지만 필자는 다르게 생각한다. 자신이 어떻게 하느냐에 따라 그럴 수도 있고 아닐 수도 있기 때문이다. 얼마나 강사를 활용해 원하는 정보를 얻는지는 개인마다 다르다. 필자는 강의로 인해 얻은 이익과 안정감이 더 크기 때문에 지출한 비용이 전혀 아깝지 않았다.

요즘에는 유튜브를 많이 본다. 필자도 유튜브를 봤는데 확실히 도움이 될 만한 내용이 많다. 그런데 초기 개념을 정립하기에는 약간 무리가 있다. 책, 강의 등 경매에 대한 기본적인 개념을 정립한 후에 보는 것을 추천한다.

다섯째, '원데이 클래스 이용'이다. 원데이 클래스를 진행하는 사이트에 '경매'라고 검색해보면 2~3시간 정도로 진행하는 수업을 찾을 수 있다. 지금은 강사로 활동 중인 필자도 투자 초기에는 가입해 들어봤는데 경매에 대해 큰 틀로 알 수 있고 열정만 있다면 입찰을 할 수도 있을 것 같았다. 필자의 수업은 아니지만 어떤 수업에서는 유료 경매 사이트와 제휴를 맺어 수업을 들으면 경매 사이트 한 달 이용권을 주기도 하니 참고하면 좋겠다.

여섯째, '카페 이용'이다. (온라인) 카페에서 '부동산 경매'라고만 쳐도 수십, 수백 개가 있다. 그 카페에 들어만 가도 어느 정도 질문과 권리 분석에 대한 내용을 알 수 있다. 초반에는 필자도 몇 개의 경매 카페를 가입했었으나 질문에 대한 피드백이 느려서 최근에는 카카오 오픈 채팅방을 더 선호한다. 카페에서는 궁금한 부분에 대한 내용을 찾아볼 때가 좋다.

마지막은, '유료 경매 사이트 이용'이다. 그런 사이트에서는 간단한 권리 분석은 거의 틀리지 않기 때문에 내가 이상이 없다고 판단한 물건이 안전한지 재확인해주는 역할을 해주며 실제로 필자도 상당히 도움을 많이 받았다.

대법원에서 확인 가능한 정보는 정확하지만 정보를 얻는 것에 한계가 많고 경매 물건 하나하나 보면 시간이 많이 걸린다. 반면, 유료 경매 사이트는 빠른 시간에 원하는 정보를 얻을 수 있어 내가 원하는 경매 물건을 찾고 판단하는 시간을 많이 줄여줄 수 있다. 그러므로 경매를 본격적으로 시작하려는 사람들에게는 유료 경매 사이트는 선택이 아닌 필수라고 생각한다.

경매는 이론보다 경험이다

처음 입찰했을 때는 경매 관련 책을 30권 정도 읽은 후였다. 그렇게나 많이 읽었는데도 막상 입찰하려고 하니 권리 분석에 자신이 없었다. 오랜 시간 권리 분석을 하고 유료 경매 사이트를 보고 안전한 물건임을 확인했는데도 불구하고 필자의 마음은 여전히 요동치고 있었다. 결국 가슴 뛰는 생애 첫 입찰은 실패로 돌아갔다.

이후 다시 한번의 도전 끝에 낙찰의 기쁨을 맛보게 됐다. 하지만 낙찰의 기쁨은 오래가지 않았다. 수많은 걱정과 실제로 여러 일을 겪었다. 이때의 경험은 뒤에서 독자 여러분에게 있는 그대로 전할 것이다. 실제 발생한 모든 비용과 고생, 필자의 실수, 느낀 점을 가감 없이 공개할 예정이다. 그래야 이 책을 읽는 독자 여러분이 더욱 현실적으로 경매를 준비할 수 있다고 믿는다.

이 모든 과정이 길어 보이지만 마음먹은 후 책을 읽고 실행하기까지 3주, 낙찰까지 2달 안에 이뤄졌다. 많은 사람이 생각하는 것보다 경매를 실행하는 데 있어 오랜 시간이 필요하지 않다. 아니, 오히려 짧은 시간 안에 실행해야 한다고 생각한다. 책 30권을 읽은 후 길고도 짧았던 첫 낙찰을 받는 과정에 벌어진 일, 수익률, 이외 경매 사례 등은 가감 없이 4장에서부터 공개하겠다.

2장

부동산 경매가
어때서

1 사람들은 왜 경매에 부정적일까?

  사람들은 보통 '경매'라고 하면 어떠한 생각을 할까? 어린 사람들 중에는 경매를 아예 모르거나 단순히 미술 시장에서의 경매를 생각할 수도 있다. 좀 더 저렴하게 집을 구하는 수단으로 생각하는 사람도 있을 것이다. 그런데 아직도 무관심하거나 부정적인 생각을 가진 사람이 많은 것 같다. 그렇지 않았다면 경매에는 지금보다 훨씬 더 많은 사람이 입찰을 하고 있을 것이다.

  사람들 대부분이 경매에 대해 부정적이거나 관심을 갖지 않는 이유는 무엇일까? 필자가 생각하기에는 언론 매체, 드라마, 뉴스, 어른들 말씀 등의 영향이 상당히 큰 것 같다. 보통 뉴스에서는 경매와 관련해 부정적인 내용이 더 많다. 누군가 경매로 큰돈을 벌었다는 내용보다 임차인이 경매가 진행되는 바람에 전세금을 잃게 생겼다거나 집 물건들이 강제로 밖으로 나오는 장면이나 관련자의 인터뷰가 훨씬 더 많다.

사실 임차인이 돈을 받지 못하는 것은 경매를 당해서가 아니라 집주인이 돈을 주지 않거나 부동산에 이미 문제가 있었기 때문인데 언론에서는 경매 자체에 부정적인 프레임을 씌워 보도한다. 그래서 부정적인 인식이 무의식중에 생기게 된다. 최근에도 보증금 1억 원을 다 날릴 처지에 있는 임차인이 뉴스에 나온 것을 봤다. 잘 모르는 사람이 보면 그 임차인은 경매 때문에 돈을 다 날렸다고 생각할 수 있겠다 싶었다.

우리나라 인구는 정말 줄고 있을까?

비슷한 느낌을 주는 뉴스가 또 있다. 우리나라 인구가 줄어들고 있다고 생각하는 사람이 많을 것이다. TV 뉴스나 신문에서 자주 언급되는 내용이기 때문이다. 우리나라 인구수가 2100년에는 절반으로 떨어질 것이다, 출산율이 역대 최하 수준이다, 인구가 줄어 부동산 가치가 하락할 것이다 등의 내용이 자주 나온다. 물론 이 뉴스가 전부 틀렸다는 것은 아니다. 정확히는 현재 출산율이 낮아지고 있으므로 먼 미래에는 인구가 감소한다고 봐야 한다.

통계 자료에 따라 세부적인 인구수에는 약간의 차이가 있으나 매년 발표되는 인구 통계로 봤을 때 우리나라 인구수는 1960년 이래로 60년 동안 단 한 번도 줄어들었던 적이 없다. 네이버나 구글에 '우리나라 인구수' 딱 7글자만 치면 알 수 있다. 그렇게 쉽게 알 수 있는데도 불구하고 몰랐다는 것은 뉴스나 언론을 맹신한 결과가 아닌지 의심해봐야 한다.

경매도 이와 같다. 뉴스나 신문에서 언급하는 경매의 한 면만을 보고 부정적인 인식을 가진 사람이 많은 것 같아 안타깝다. 진행되는 모든 일에는 순간의 상황이 있다. 그 순간의 상황만을 갖고 그 일의 모든 것을 판단하는 것은 객관적인 판단을 흐릴 수 있다고 본다.

경매에 대한 잘못된 생각

이렇게 언론 매체, 드라마 등에서 부정적인 내용이 많이 나오니 당연히 위험 부담이 무척 크다고 생각한다. 권리 분석을 잘못하면 내가 투자했던 돈도 다 날리고 어떨 때는 돈을 물어줄 수도 있다고 생각한다. 실제로는 국가라는 틀 안에서, 그리고 법원에서 민법, 민사집행법 등의 법적 절차 안에서 안전하게 진행되는 절차인데도 차라리 개인이 운영하는 공인중개사사무소에서 하는 일반적인 부동산 매매가 더 안전하다고 생각한다.

경매에는 많은 공부가 필요하고 부동산 머리는 따로 있다고 생각한다. 권리 분석, 법적 절차에 대해 전문적인 지식을 갖추고 법과 소송에 능해야 경매를 할 수 있다고 생각하는 사람이 꽤 있는 것 같다(필자도 20대 초반에는 그렇게 알고 있었다). 물론 그런 경우도 있지만 그렇지 않은 경우가 90% 이상이다. 보통은 일반적인 물건이며 법원에서 제공하는 절차에 따라 소송 없이도 경매는 할 수 있다.

또한, 경매에는 큰 자금이 필요하다고 생각한다. 필자가 보기에는 2,000~3,000만 원 정도만 있어도 충분하다고 생각한다. 정작 경매를 해보지 않은 사람들이 그렇게 생각하지 않는다. 적은 금액으로 할 수 있다고 말해줘도 이미 굳어진 편견으로 인해 그렇게 생각하지 않고 실행하지 않는다(물건이 상대적으로 한정적이기는 하나 적은 금액으로 시작할 수 있는 물건은 요즘에도 충분히 있다).

이렇게 내가 주체적으로 알아보고 찾아보지 않고 모르는 것에 대한 두려움으로 인해, 누군가가 그렇게 말했기 때문에, 뉴스에서 그렇게 보도해서 수긍하며 그렇다고 여기고 있는 것은 아닌지 생각해볼 필요가 있다.

필자도 예전에는 뉴스의 단편적인 내용이나 언론에서 보여주는 모습만 보고 경매는 다른 사람의 집을 뺏어가는 것이라고 생각했다. 공인중개사를 하는 어머니조차도 경매에 대해 매우 부정적이셨다. 경매는 위험하고 변호사가 필요한 것이라고 말씀하셨고 필자는 당연히 그런 줄 알고 있었다. 그렇기에 경매에 대한 부정적인 인식이 은연중에 있었다.

들려도 들리지 않는 이야기

예전에 병원에서 일할 때 아는 직원이 경매를 했다. 약간의 목돈만 생기면 무조건 경매를 했는데 꾸준하게 수익을 내다가 어느 날 경매를 본업으로 하겠다며 병원을 그만뒀다. 그때에도 필자는 재테크에 관심이 많았지만 경매만큼은 부정적으로 보고 있어서 '아, 그렇구나' 하고 흘려들었다. 이미 부정적인 편견이 박혀있는 필자에게 들려도 들리지 않는 이야기였다.

시간이 지나 필자가 경매에 매력을 느낄 때쯤 신혼집 때문에 고민이 많은 지인이 있었다. 원래 3~4년 전에 할 계획이었던 결혼이었는데 돈이 없고 무엇보다도 집을 구하기가 어려워서 그동안 미뤘다고 했다.

필자는 현재 경매를 하고 있는데 경매로 번 수익과 경매를 통해 집을 저렴하게 살 수 있다는 사실을 열심히 알려줬다. 몇 년간 같이 일하고 저녁도 자주 먹는 사이여서 그 지인이 진심으로 잘 되면 좋겠다고 생각했기 때문이다. 그래서 뜬구름 잡는 내용이 아니라 정말 사실적으로 경매에 대해 알려줬다. 필자가 겪었던 경매 이야기, 경매에 든 실제 비용, 낙찰받은 부동산을 매매하거나 월세로 돌려 번 수익, 그리고 신혼집의 경우 저렴하게 대출이 잘 나오므로 더 적은 투자금으로 더 좋은 집을 살 수 있다고까지 말해줬다. 그때는 대출 규제 대책이 나오기 전이었고 신혼부부이고 둘 다 직장인이어서 적절한 가격으로만 낙찰받는다면 투자금을 정말 많이 줄일 수 있었다. 그래서 더 열심히 설명해줬던 것 같다.

하지만 그 지인에게서 필자가 병원에서 경매를 늘었을 때의 과거 모습이 보였다. 이제야 병원에서 만났던 아는 직원이 필자에게 경매에 대한 이야기를 했을 때의 느낌을 알 수 있었다. 듣고 있지만 들리지 않았고 지인에게는 그저 남의 이야기와 같았을 것이다. 강한 편견과 두려움에서 나오는 그런 종류의 것이었다. 경매는 공부를 정말 많이 해야 손해를 보지 않을 수 있고 부동산이 자신과는 전혀 맞지 않는다고 지인은 말했다. 부동산 머리는 따로 있고 시세 파악도 제대로 할 수 없을 것 같다고도 했다. 시세를 처음부터 잘 아는 사람이 어디 있을까? 손품, 발품 팔아가며 시세를 파악하고 주변 시세를 확인하고 나서야 알 수 있는 것인데 말이다.

지인은 총 2억 원의 금액 중 대출을 제외하고 순수 1억 원의 자기자본을 들여 오피스텔로 신혼집을 구했다. 그것도 매매가 아닌 전세로 말이다. 그 후로 더 이상 경매를 권하는 식의 말은 하지 않았다. 본인이 의식적으로 생각을 바꿔야만 실행할 수 있는 것이 경매라는 것을 알았기 때문이다.

경매가 존재하는 이유

앞에서 말했던 필자의 경험처럼 은연중에 경매를 어렵게 생각하고 부정적으로 인식하는 사람이 많다. 하지만 경매는 무조건 부정적이지 않다. 경매는 돈을 순환시키는 역할을 한다. 은행이나 개인이 해당 부동산을 담보로 빌려준 돈을 경매라는 절차를 통해 돌려받을 수 있다. 부동산의 주인은 기간을 정해 언제까지 돌려주겠다고 약속한다. 그것을 믿고 돈을 빌려줬는데 약속 날짜가 지나도 돈을 돌려주지 않으면 곤란해진다. 만약 그 돈을 받아 다른 곳에 쓰려고 했다면 빌려준 쪽에서는 어려움에 빠질 수 있다. 이런 상황이 되면 돈을 빌려준 쪽에서는 정당한 권리를 받기 위해 경매를 신청한다.

임차인의 경우에도 마찬가지다. 계약이 만기되면 전세금이나 월세 보증금을 받아 다른 집으로 이사하려고 했는데 집주인이 줄 수 있는 여력이 되지 않는다면 어떻게 해야 하나? 이미 이사 갈 집과는 계약해서 정해진 날짜에 맞춰 이사 가야 하는데 집주인에게 돈이 생길 때까지 하염없이 기다려야 하나? 몇 달, 몇 년이 될지도 알 수 없는 노릇인데 말이다. 이런 상황을 방지해주는 것이 경매라는 제도다. 경매 신청을 통해 빠르면 몇 개월 만에 보증금을 돌려받을 수 있다.

결코 부정적이고 피해만 주는 제도가 아니다. 오히려 반대다. 정당한 권한이 있는 임차인이나 채권자를 보호해주는 강력한 보호 수단이며 우리나라가 담보를 걸고 금융 거래를 할 수 있게 도와주는 중요한 역할을 한다. 그 누가 생판 모르는 타인에게 돈 받을 수 없다는 것을 알면서 돈을 빌려줄 수 있을까? 경매는 이를 방지해주는 강력한 수단이다.

또한, 경매는 법원에서 진행하기에 사기를 당할 일도 없다. 가끔 공인중개사, 대출모집인, 집주인 등이 임차인을 속여 사기를 치는 뉴스가 나온다. 그런데 법원에서는 사기를 칠 수도 없고 그럴 이유도 없다. 잘못된 내용을 공시했을 경우 거래를 없던 일로 되돌려주기까지 한다. 물론 권리 분석이나 등기부등본 보는 것 등의 판단은 본인 몫이지만 정해진 것만 잘 본다면 남에게 맡기는 것보다 훨씬 안전한 매매 방식이라고 할 수 있다.

앞에서 말한 인구수, 경매 관련 이야기와 같이 내가 주체적으로 알아보고 공부를 할 수 있다면 남들보다 안전하고 좀 더 저렴하게 부동산을 구입할 수 있고 남들보다 빠르게 돈 벌 수 있는 수단이 된다. 만약 회사 지인이 대출 규제 전에 경매로 괜찮은 수도권 아파트를 샀다면 현재 시세로 따졌을 때 몇천만 원, 입지가 좋았다면 1억 원이 넘는 수익을 올렸을 것이다. 실제로 지인이 거주하는 곳 주변 기준으로 보면, 당시 지인이 살 수 있었던 아파트는 1억 원 이상 올랐다 (2022년 1월 기준).

많은 재태크 서적에서는 위험을 객관적으로 바라보고, 나무를 보지 말고 숲을 보라고 말한다. 이처럼 한 면만을 보고 판단하지 말고 다양한 측면으로 바라볼 수 있다면 경매는 부정적인 것이 아니라 내 삶에 분명히 긍정적인 도움을 줄 수 있을 것이라 확신한다.

2 친구 집이 경매 물건이 되다

2019년 어느 겨울날, 가족과 저녁식사를 하고 있는데 20년 동안 친하게 지냈던 동창 A의 전화를 받았다. 서로의 안부를 묻고 나자 바로 경매 좀 아느냐고 묻는 것이 아닌가? 잘 모르면 부동산을 하는 어머니한테 물어봐 줄 수 있느냐고 물었다. 갑작스럽고도 신기했다. 그때 막 경매 책을 보던 시기라서 그랬던 것 같다.

몇 가지를 물어봤는데 역시 A는 부동산에 대한 기초적인 지식도 없었다. 등기부등본을 보여달라고 했더니 그게 무엇인지도 몰랐다. 부동산에 대해 얼마나 관심이 없었는지 알 수 있는 대목이었다. 수천만 원의 목돈이 들어가는데 부동산 지식도 없이 전세보증보험도 가입하지 않고 공인중개사의 말만 믿고 전세로 들어간 것이다.

무엇보다 등기부등본부터 봐야 한다고 하니 내일 보내주겠다고 했다. 필자가 지금 경매 공부를 하고 있으며 경매에 연관되면 해야 할 것 등을 필자가 그때까지 봤던 내용을 중심으로 전부 알려줬다.

어머니는 그때 당시에도 경매에 대해 부정적이러서 필자가 더 열심히 공부해서 알려줘야겠다는 생각을 한 계기가 됐다. 앞에서 말했던 어머니 지인 딸이 경매로 큰돈을 벌었다는 소식을 들었던 시기에 친구의 경매 문제를 접하니 더더욱 이 길로 가야 할 것 같은 확신이 들었던 순간이었다.

확정일자를 늦게 받다

A에게서 상황을 좀 더 자세히 들었다. 기숙사 형식의 원룸에 전세(5,000만 원)로 살고 있었는데 A 말고도 임차인이 수십 명 더 있었다. 그 큰 건물이 경매에 넘어간 것이다.

설상가상으로 전입 신고는 했으나 확정일자를 경매가 시작된 후에 받는 바람에 다른 수십 명의 임차인보다 배당을 늦게 받는 상황이 됐다(그나마 전입 신고라도 했기에 망정이지 전입 신고도 하지 않았다면 최우선 변제금에 해당하는 2,200만 원도 받지 못했을 것이다). 확정일자만 빨리 받았다면 낙찰이 진행된 후에 전액 받을 수 있는 가능성이 높았을 텐데 그러지 못하는 상황이었다.

당시에 전입 신고를 한 후 확정일자는 귀찮기도 하고 마침 일도

소 재 지	경기 의정부시 의정부동 ●●● ●●●● (11650)경기 의정부시 ●●●●●● ●●				
경매구분	강제경매	채 권 자	구○○		
용　　도	기숙사(고시원)	채무/소유자	이○○	매 각 기 일	21.03.04 (3,135,200,000원)
감 정 가	4,289,418,600 (19.11.25)	청 구 액	60,000,000	종 국 결 과	21.06.28 배당종결
최 저 가	2,101,815,000 (49%)	토 지 면 적	377.2㎡ (114.1평)	경매개시일	19.11.11
입찰보증금	210,181,500 (10%)	건 물 면 적	전체 1,751.6㎡ (529.9평) 제시외 83.16㎡ (25.2평)	배당종기일	20.05.01
주 의 사 항	·유치권　특수件분석신청				
조 회 수	·금일조회 1 (0) ·금회차공고후조회 247 (168) ·누적조회 1,630 (429) ·7일내 3일이상 열람자 38 ·14일내 6일이상 열람자 25			()는 5분이상 열람　조회통계 (기준일-2021-03-04/전국연회원전용)	

• 출처: 지지옥션

바빠서 안 받았다고 했다. 어쩜 그리 확정일자를 받지 않은 다른 임차인들과 말하는 게 똑같은지….

　확정일자를 늦게 받으면 5,000만 원의 전세보증금 중 2,200만 원을 제외한 2,800만 원을 받을 수 있을지 없을지 모르게 된다(최우선변제금 2,200만 원은 말소기준권리 설정일자, 거주 위치에 따라 다르다). 최우선 변제금은 다행히 받을 수 있으나 확정일자 하나로 나머지 돈은 전부 받을 수도, 못 받을 수도 있는 상황이 된 것이다. 그동안 얼마나 마음고생이 심했는지 탈모도 왔다고 한다. 당연히 그럴 수 있었다. 우리 나이에 그 금액을 모으려면 2년 이상 걸릴 것이다. 필자에게 말은 하지 않았지만 상실감과 허탈감, 미래를 알 수 없는 상황에 대한 불안감 등 많은 심적 고생을 겪었을 것이 눈에 선했다.

보통 경매는 한 번 진행되면 6개월에서 1년 정도 걸리는데 A가 사는 곳은 빌딩 일부였고 권리 관계도 복잡했으며 빌딩 가격도 높아서 좀 더 시간이 걸렸다. 돈도 돈이지만 그만큼 마음고생도 많이 했다. 아예 못 받는 돈도 아니고, 그렇다고 전부 다 받는다고 확신도 할 수 없는 그런 상황이 1년 넘게 지속한다면 누구든지 그럴 것 같다.

이때 해당 건물의 수익성을 잘 파악한 낙찰자가 적정한 가격에 입찰하면 어떨까? 경매를 모르는 사람보다 해당 건물의 가치를 더 잘 알 수 있기에 낙찰받으려고 다른 사람보다 더 높은 금액으로 입찰할 것이다. 건물의 가치를 30억 원으로 알고 있는 사람과 40억 원으로 알고 있는 사람의 입찰 가격은 당연히 차이가 날 수밖에 없다.

보통 경매를 오래 한 사람들은 무턱대고 낮게 입찰가를 산정하지 않는다. 확실한 본인만의 기준으로 얼마만큼의 수익을 얻을지 계산하고 입찰에 참여한다. 낮게 입찰가를 쓰면 수익이 높을 수는 있으나 낙찰이 되지 않는다. 해당 부동산의 가치를 알고 있는 다른 입찰자에게 빼앗기게 된다는 사실을 아주 잘 알고 있다. 경매에 대해 잘 이해하고 있는 사람이 많을수록 낮은 입찰 가격이 아니라 적정선에서 낙찰 가격이 맞춰지게 된다. 그렇게 되면 A는 전세보증금을 받을 가능성이 훨씬 높아진다.

좋지 않은 기억이 계속 생각나는 집에서 주인이 전세금을 주지 않아 나가고 싶어도 나갈 수 없는 상황을 경매라는 제도 덕분에 법원에서 누군가가 낙찰을 받아 낙찰대금을 줌으로써 해결할 수 있게 된다. 만약 경매가 없다면 집주인은 끝까지 돈을 주지 않을 것이고 임차인은 집을 나가고 싶어도 나갈 수 없을 것이다. 앞에서도 살짝 말했는데 경매라는 절차를 이용하면 채권과 채무 간의 관계, 자금의 순환이 더욱 원활해지는 긍정적인 사회적 효과가 발생한다.

모든 사람은 부동산 공부를 해야 한다

A가 정말 기본적인 부동산 지식만 있었다면 경매 낙찰자에게 자신의 전세보증금을 기대할 필요가 없었다. 확정일자만 빨리 받아놨어도 다른 임차인들보다 빨리 받을 수 있었다. 전세보증보험을 가입했다면 혹시 모를 상황을 모면할 수 있었다. 계약서를 작성하기 전에 등기부등본만 제대로 봤다면 어땠을까? 그래서 꼭 경매를 하지 않는다고 해도 등기부등본 보는 법 등 기본적인 부동산 공부는 삶을 살아가는 데 꼭 필요하다.

또한, 부동산에 대한 지식은 부동산 매매 시 사기를 당하지 않게 도와준다. 다행히 A는 아무것도 모르는 상태였어도 큰 피해는 입지 않았지만 금액이 엄청 높았다면 상황은 달랐을 것이다.

A는 심적으로 고생하면서도 부동산 공부를 하려고 하지 않았다. 단지 다른 곳으로 이사 가고 싶다고 할 뿐이었다. 그래서 임차권에 관한 내용을 알려주면서 임차권 등기를 설정만 하면 꼭 전입하지 않아도 된다고 말해줬다. 하지만 남은 투자금이 없는 것인지, 귀찮은

것인지 A는 계속 그곳에서 살았다.

그렇게 계속 살다가 드디어 누군가가 2021년에 낙찰을 받았다. 기존 최저가가 30억 원이었는데 유찰되어 21억 원까지 떨어져 있었다. A는 최우선으로 변제받을 수 있는 금액 외에는 배당을 못 받겠다고 예상했는데 해당 물건의 가치를 알아본 입찰자가 21명이나 있었고 이 중에서 31억 3,000만 원을 쓴 입찰자에게 낙찰됐다. 기존 최저가보다도 높은 금액이었다.

필자는 A에게 기존 근저당, 가압류 등의 채권액을 정확히 알아오라고 했다. 이후 배당금액을 계산해보니 거의 다 받을 수 있어 보였다. 이 사실을 A에게 말해줬다. 실제로 배당일에 A는 보증금 5,000만 원 중 4,980만 원을 받았다. 나머지 20만 원은 낙찰자가 줬다.

정말 다행히 전액 다 돌려받을 수 있었다. 거의 마지막에 남은 낙찰금액으로 받은 것이었다. 낙찰자가 조금만 낮게 썼다면 A는 보증금 대부분을 잃었을 수도 있었다. 31억 3,000만 원 중 3,000만 원만 낮았어도 A는 1,000만 원을 손해 봤을 것이다(A와 같은 배당 순위를 가진 사람이 총 3명이어서 동일한 금액으로 안분 배당이 됐다). 경매를 잘 아는 낙찰자가 그만큼의 값을 주고 낙찰가를 적었기에 A의 피해는 거의 없다시피 했다. 참고로, A는 배당일에 맞춰 돌려받은 돈으로 다른 안전한 곳의 전세로 이사를 가 잘 살고 있다.

3 경매에 있어 부동산 규제의 진짜 의미

요즘 부동산(특히 주택) 경매는 끝났다고 생각하는 사람이 많다. 더이상 개인으로 여러 채를 소유하지 못해서다.

종합부동산세는 나날이 높아져 가고 취득세의 경우 3주택 이상(조정대상지역에서 취득한 경우)은 낙찰가의 12%라는 어마어마한 세금을 매긴다. 일반 매매로 주택을 구입할 때도 똑같이 적용된다. 5억 원에 낙찰받으면 6,000만 원의 세금을 내야 하는 것이다. 납부해봐서 알고 있었는데 지방교육세도 중과되기에 실제로는 낙찰가의 12.4%를 세금으로 내야 한다. 국민주택 전용 $85m^2$ 이하의 주택을 구매할 경우가 12.4%이고 $85m^2$를 초과하면 농어촌특별세 1%를 더해 13.4%의 세금이 붙는다. 다주택자는 더 이상 주택을 사지 말라는 것이다.

그렇다면 법인은 어떨까? 법인은 1주택 여부와 관계없다. 무조건 닉칠가액의 12.4%, 농어촌특별세를 합치면 13.4%의 취득세를 내야 한다. 또한, 종합부동산세를 공제받는 부분 없이 2주택 이하는 공시지가의 3%, 3주택이나 조정대상지역 2주택 이상의 주택을 보유하고 있다면 공시지가의 6%가 세금으로 매년 붙는다. 그래서 다들 법인은 사망선고가 내려졌다고 한다. 경매, 일반 매매 할 것 없이 동일하게 적용된다.

또한, 추가 규제로 1억 원 이상의 신용 대출을 받았는데 그 대출금을 주택 구매에 사용하면 전부 회수한다고 한다. 그래서 현재 은행은 애초부터 1억 원 이상의 대출금을 빌려주려 하지 않는다. 이러한 상황에서 누가 예전처럼 경매를 할 수 있을까? 그래서인지 몰라도 1주택 이상 가진 사람들은 경매를 많이 포기한다. 하지만 당첨되지 않는 청약에 지친 무주택자들에게 경매는 최고의 기회 중 하나가 될 수 있다.

주택 가격이 상승하면서 감정가 대비 낙찰가가 100% 이상으로 낙찰되는 사례가 많아지자 시세보다 비싸게 산다고 생각하는 사람이 상당히 많아졌다(실제로는 100% 넘게 낙찰받아도 대부분 시세차익을 본다). 그렇다면 이제 더 이상 경매는 끝물인 걸까? 다주택자나 법인은 경매를 할 수 없을까? 이러한 것들을 하나씩 짚어보도록 하겠다(이 책에서는 경매를 다루고 있으므로 각종 부동산 정책에 대한 투자방안을 경매 중심으로 서술하겠다).

규제 속에서도 수익을 얻을 수 있다

우선 다주택자, 법인도 투자하는 방법이 아직 있다. 반대로 생각해 보자. 규제는 내게만 오는 것인가, 다른 사람들에게도 오는 것인가? 규제는 모두에게 공평하다. 2주택 이상의 다주택자라면 모두 많은 세금을 물게 된다. 그렇다면 무주택자를 제외한 사람은 모두 많은 세금을 낸다는 것이고 그만큼 낙찰가율도 낮아지게 된다. 실제 규제 전후로 낙찰가율은 2.2% 낮아졌다.

다주택자라고 해도 세금을 감안해서 입찰가를 쓰면 되는 것이다. 무주택자를 제외하면 다른 사람도 다 같은 조건이니 말이다. 그렇다면 모든 물건에 무주택자만 들어오느냐? 그것도 아니다. 확률적으로 모든 물건에 무주택자만 들어올 수 없다.

여기서 방법이 생긴다. 다주택자끼리 경쟁하는 곳에서는 당연히 시세보다 낮게 낙찰을 받는다. 세금을 제외하고 추가 수익이 날 수 있을 정도로 입찰가를 적기 때문에 세금이 있다고 해도 충분히 수익을 얻을 수 있다. 법인도 마찬가지다. 꾸준함만 있다면 법인도 수익을 낼 수 있다. 필자도 법인으로 12.4%의 세금을 내면서 괜찮은 수익을 얻을 수 있었다.

추가적으로 현재 다주택자와 법인에 가장 큰 기회가 되는 방법이 있다. 공동주택 가격 1억 원 미만의 아파트나 빌라를 사는 것이다. 규제에서 공시지가 1억 원 미만의 건물은 투기 목적으로 보지 않아 취득세율을 중과하지 않는다. 여기서 주의해야 할 점이 있다. 아무리 1억 원 이하의 주택이라고 해도 해당 주택의 토지가 정비구역이나 개발지역이라면 취득세가 중과된다. 그래서 이를 구별하는 작업은 1억 원 이하로 투자하려는 사람들에게는 매우 중요한 부분이다.

공동주택 가격 1억 원 이하 물건이 취득세 중과세 대상인지 아닌지 확인하는 방법을 알아보자.

첫 번째, 토지이음(www.eum.go.kr)에 들어가 본다. 해당 사이트에 들어가 경매 물건 주소지를 검색한다. 주소지를 검색한 후 '다른 법령 등에 따른 지역·지구 등'의 항목을 확인한다. 해당 항목에 정비구역 〈도시 및 주거 환경 정비법〉, 재개발지역, 재건축지역, 〈빈집 및 소규모 주택 정비법〉상 가로주택정비사업으로 확인되면 취득세가 중과된다. 즉, 낙찰 가격에 12.4% 이상의 취득세가 부과된다고 생각하면 된다.

두 번째, 해당 시군구청에 확인해 본다. 예를 들어, 시흥시 신천동의 물건이라면 시흥시청 홈페이지에 들어가 찾아보는 식이다. 시군구청마다 주택과, 세무과, 취득세과 등 부서 이름은 다를 수 있으니 취득세 관련 부서를 연결해달라고 하면 된다. 그렇게 연결된 해당 부서에 취득세 중과지역인지 다시 한번 확인한다. 귀찮아서 잘 알려주지 않는 곳도 있는데 대부분 주소를 말해주면서 취득세 중과지역인지 확인해달라고 하면 해주니 입찰 전 확인하는 습관을 갖도록 하자.

그런데 공동주택 가격 1억 원 이하의 물건 대부분이 정비구역으로 지정되지 않았기에 투자할 곳은 곳곳에 존재한다.

개인이나 법인으로 투자할 경우 경매 물건에 따라 다르지만 소액 투자자라면 대부분 공시지가 1억 원 미만의 주택을 구매하게 될 것이다. 개인은 종부세도 크게 걱정이 없고 취득세도 1.1%가 적용되므로 지속적인 경매로 단기 매도를 진행해 자금을 축적할 수 있다. 필자는 초기 재개발이 진행되는 인천 빌라 위주로 보고 있으며 그 외로는 공동주택 가격 1억 원 이하의 외곽, 지방에 있는 아파트를 투자처로 보고 있다. 필자에게는 아직도 많은 기회가 보이고 그만큼 수익도 내고 있다. 규제 속에서도 언제나 방법은 존재한다.

틈새 시장을 공략하자

물론 문제도 있다. 가장 큰 문제는 대출이다. 기존에는 경매라는 도구를 이용해 시세보다 저렴하게 낙찰을 받고 저렴한 낙찰가에다 추가로 은행 대출을 받으면 이익을 극대화할 수 있었다. 하지만 이제 무주택자를 제외하고는 대출받기가 무척 힘들어졌다. 1주택자도 기존 주택을 처분하고 전입을 한다는 조건으로 대출이 가능하다고 한다.

개인으로 입찰하는 소액 투자자라면 단기로 접근해 1채를 낙찰받았다가 매도하고 다시 낙찰받는 형식으로 진행하는 것이 좋다. 적은 금액으로 양도소득세 77%를 내더라도 꾸준히 한다면 수익을 얻을 수 있다.

1~2번 진행한 후에 자신감이 생기고 약간의 자금이 모였다면 법인을 세워 진행하면 된다. 소액 투자금으로 다른 재테크 수단보다 훨씬 빠르고 안정적으로 수익을 얻을 수 있다. 필자의 강의를 들었던 수강생도 5,000만 원대의 투자금액으로 빌라 경매를 시작해 수익을 얻고 있다. 몇 번 한 후에는 법인을 세워 투자하겠다고 한다(이러한 투자 방법에 대해서는 7장에서 예시를 들어 설명하겠다).

만약 신용 대출을 1억 원 이하로 받을 수 있고 몇천만 원 정도의 자본금이 있다면 필자는 바로 법인을 세워서 경매하라고 한다. 법인을 세우는 데 비용이 많이 들지 않는다. 법무비, 세무기장료, 사무실 비용이 주로 발생하는데 필자의 경우 법인을 세운 후 1년 동안 관련해 쓴 금액을 합쳐보니 200만 원 정도밖에 되지 않았다. 크다면 클 수 있겠다고 생각할 수도 있다. 그런데 경매로 낙찰을 받아 1,000만 원의 시세차익이 생긴 상황에서 바로 매도를 하면 개인의 경우 77%의 세금을 내므로 순수익은 230만 원이지만 법인은 20%대의 세금을 내므로 700~800만 원의 순수익이 생길 수 있다. 개인과 법인 간의 순수익 차이가 500만 원 정도 벌어진다. 1건만 낙찰을 받아도 법인이 훨씬 유리하다는 것을 알 수 있다.

많은 사람이 법인은 끝났다고 하지만 소액 투자자들에게는 아직도 기회의 장이 열려있다. 1억 원 이하의 물건을 샀을 때 법인세, 추가 세율을 합쳐도 최대 33% 정도밖에 되지 않는다(법인 연소득 2억

원 이하 기준). 그 외 필요 경비나 각종 부대 비용을 세금으로 처리할
수 있는 혜택이 있어서 필자는 개인으로 투자해 자금을 모은 다음,
법인을 세워 경매하는 것을 추천한다(물론 추후 정책 방향에 따라 달라
질 수 있다).

현 상황에서 가장 큰 문제는 종합부동산세다. 하시만 종합부농산
세를 내는 6월 이전에 저렴한 가격에 매도하거나 6월 이후에 경매로
취득해 종합부동산세를 내지 않고 투자하는 방법도 있다. 경매로 시
세보다 더 저렴하게 낙찰받고 저렴하게 매도하면 기준점인 6월을
맞출 수 있다. 만약 매도하지 못한다고 해도 공동주택 가격 1억 원
이하의 물건은 종합부동산세가 크지 않다. 법인 1주택일 경우 3.3%
의 세율이니 공동주택 가격이 1억 원이라 가정하면 330만 이하의
비용이 발생한다. 따라서 수익에 지대한 영향을 미치진 않을 것이다.
꾸준하게 입찰한다면 분명 법인으로도 낙찰받을 수 있다. 요즘 많은
사람이 규제로 몸을 사리고 있을 때 기회가 있다.

규제는 누구에게나 동등하다

앞서 말했듯 누구에게나 규제는 동일하게 적용된다. 입찰 인원이
줄어들었다고는 하나 경매 시장은 아직도 계속 입찰자들이 있으며
수익을 꾸준하게 내는 사람들도 있다. 필자도 그중 1명이고 이 책을
읽는 독자 여러분도 이후에 충분히 괜찮은 수익을 얻을 수 있다.

2억 원짜리 아파트가 경매로 나왔고 1회 유찰되어 70%로 저감됐다고 가정해보자. 현재 세금이 높다고 아무도 입찰하지 않을까? 아니다. 분명 누군가는 입찰할 것이다. 무주택자가 아닐 수 있다. 12%가 넘는 취득세를 감안하고 들어오는 사람도 분명히 있다. 세금을 감안해도 수익이 나기 때문이다.

규제가 있는 만큼 소액 투자자들은 예전보다 많은 물건에 투자할 수는 없다. 이것은 분명한 사실이다. 하지만 물건 하나에 입찰해서 얻는 수익은 전보다 늘었다. 대출이 줄고 규제가 있으니 당연한 결과이기도 하며 현재까지 낙찰되는 빌라들이 이를 증명해주고 있다.

독자 여러분 중에는 경매는 끝이다, 더 이상 남는 게 없다는 말만 듣고 투자를 포기할 수도 있다. 요즘 신문 등에서 감정가 100%를 넘겨 낙찰됐다는 기사를 볼 것이다. 그런데 그 감정가가 언제 감정된 가격인지 알고 있는가? 대부분 현시점에서 6개월 이상 1년 정도 전에 감정된 것이다. 부동산에 관심이 없는 사람이라도 1년 전 주택 가격과 지금의 주택 가격이 얼마나 큰 차이를 두고 있는지 알 것이다.

100% 이상에서 낙찰받은 사람들은 전부 바보가 아니다. 100% 이상으로 낙찰받은 사람들은 대부분 최소 1,000만 원 이상의 수익, 2,000~3,000만 원 이상의 시세차익을 본다.

공부가 아니라 언론이나 주변 말만 듣고 포기할 것인지, 실제로 기회를 찾아 도전해볼 것인지는 본인의 선택이다. 필자는 후자를 선택했고 그 가능성을 봤다. 그것을 독자 여러분에게 알려주고 싶었다.

4 1,000만 원만 있어도 투자할 수 있다

꼭 돈이 많아야 경매를 할 수 있을까? 그렇지 않다. 상대적으로 적은 금액으로도 충분히 할 수 있다. 물론 주식, 펀드 등의 다른 재테크 수단보다 더 필요하기는 하다. 그래도 정상적인 신용 상태를 가진 직장인, 주부 등이라면 소액으로도 충분히 가능하다. 오히려 경매는 자금이 없는 사람들이 돈을 불릴 수 있는 가장 빠른 수단이다.

필자도 소액으로 경매를 시작했고 1년간 했을 때 회사에서 4년 동안 일해서 모았던 돈만큼 벌 수 있었다. 그만큼 소액 투자자에게는 자본을 배로 굴릴 수 있는 가장 빠른 수단이 될 수 있다.

요즘 같은 저금리 시대에는 은행 예금이 1~2% 정도밖에 되지 않는다. 세금을 제외하면 더 적어진다. 1,000만 원을 예금에 넣으면 1

년 후에 이자가 10~20만 원 붙는다. 한 달에 1만 원도 안 된다. 주식을 한다고 해도 운이 좋게 몇 번 수익을 낼 수 있지만 제대로 된 지식이 없으면 결과적으로는 잃을 수밖에 없다.

1,000만 원을 펀드에 투자해 잘 운영해서 수익률이 7% 나왔다고 해보자. 무척이나 높은 수치다. 연 70만 원 정도 수익을 올릴 수 있다. 10년 동안 매년 연 7% 수익을 달성했다고 가정해보자. 10년 동안 (약) 854만 원의 이자(이자과세 제외)와 1,000만 원의 원금이 남는다 (네이버로 검색한 복리 계산기 기준). 2배에 좀 못 미치는 액수다. 투자할 수 있는 절대량이 적으니 그에 부가되는 수익 또한 분명 한계가 존재한다. 펀드로 10년간 항상 7% 이상의 수익률을 낼 수 있는 사람이 몇이나 될까? 거의 확률이 없는 싸움이다.

이렇게 가난은 대물림될 수밖에 없다. 남들이 다하는 투자 방식으로는 분명한 한계가 존재한다. 그리고 남들보다 앞서갈 수 없다. 다른 방식의 투자 방법이 필요하다. 필자는 그 방법 중 하나가 경매라고 생각한다. 요즘에는 경매에 대한 정보가 많아졌고 접할 기회도 많아졌다. 경매에 참여하는 사람도 젊은 사람부터 연세가 있는 사람까지 연령대가 다양해졌다. 그렇지만 주식이나 가상화폐 등의 투자보다는 진입장벽이 높기 때문에 아직도 수익을 계속해 얻을 수 있는 시장이다.

돈이 없을수록 경매를 해야 한다. 경매를 시작할 때 소액으로도 수익이 나며 인프라가 갖춰진 위치에 있는 물건도 충분히 있다. 필자가 투자하면서 좋아하게 된 입지를 7장에서 공유하겠다.

여유자금의 필요성

경매두 소액으로 할 수 있다고 했는데 그렇디면 이느 정도의 자금이 필요할까? 눈치가 빠른 독자라면 알았겠지만 1,000만 원이면 가능하다. 솔직히 필자의 경험상 2,000만 원 이상이면 좀 더 낫겠다고 생각한다. 필자는 운이 없게도 처음 낙찰받은 물건에 강제 집행을 했었다. 사람이 살았던 것은 아니고 빈집이었는데 짐이 바닥이 안 보일 정도로 많았다(그래서 필자는 사람이 사는 집을 선호한다). 그 후 유체동산 경매 신청도 신청했으나 지속적으로 채무자의 연락처를 파악하고 연락한 끝에 간신히 진행까지는 하지 않았다. 유체동산 경매 신청부터 매입 준비까지 다 끝내고 있었던 터라 다 해본 바와 다름없기는 하지만 말이다. 그래서 총 1,000만 원으로 가능할 수 있었던 투자가 세금 등의 사정을 포함해 2,000만 원의 실투자금이 들었다. 이렇게 강제 집행이나 그 밖의 사유가 존재할 경우를 대비해 여유자금을 확보한 상태로 진행을 했으면 하는 생각에 2,000만 원으로 시작했으면 좋겠다고 말하는 것이다.

강제 집행을 할 확률은 극히 낮다. 필자가 아는 경매 투자자들의 낙찰 사례 수십 건만 봐도 강제 집행을 진행한 경우는 1건도 없었다. 그래도 여유자금이 있으면 예기치 못한 상황을 대비할 수 있다. 경매 과정 중에 자금에 압박이 생기면 마음이 초조해지고 명확한 판단을 하기 어려워진다. 만약 초조해지면 명두 시 눈치가 빠른 명도 대상자는 그러한 상황을 이용하기도 한다(참고로, 명도는 여유를 가지고 해야 한다. 시간은 낙찰자의 편이라는 것을 명심하자). 그런 명도 대상자를 만나면 더욱더 초조해지고 그릇된 판단을 할 수 있게 된다. 여유자금은 이를 어느 정도 예방해주는 역할을 한다.

가끔 유튜브 등에서 경매로 자기 돈 한 푼 들이지 않고 투자했다는 사례를 볼 것이다. 전세 세입자를 바로 구해서 가능하지만 이런 사례는 정말 극히 드물다. 있을지 모르는 강제 집행 등의 특수한 상황에 대해서는 전혀 설명하지 않고 있다. 초반에는 어느 정도 자금이 들어가야 한다는 것을 명심하자.

목돈은 어떻게 하면 모을 수 있을까? 이제 막 직장을 다니게 된 사회초년생이라면 1,000만 원을 모으는 데에도 시간이 많이 소요된다. 사실 부모에게 증여를 받는 방법이 가장 쉽고 빠르다. 하지만 그렇지 못하는 경우가 훨씬 많다. 그렇기에 직장인이라면 마이너스 통장이나 신용 대출을 추천한다. 직장을 1년 이상 다녔다면 약간의 돈을 모았을 것이다. 거기에 마이너스 통장이나 직장인 신용 대출을 이용한다면 1,000만 원 이상의 돈을 모을 수 있다. 사실 1~2년 동안 일했다면 1,000만 원 정도는 모여 있어야 한다.

주부라면 최소 1,000만 원 이상은 있겠지만 그렇지 못하다면 보험사에서 보험을 담보로 대출을 받거나 신용 대출을 통해서 마련할 수 있다.

기본적인 종잣돈은 뚝딱 만들 수 있는 방법이 없다. 이자 5% 이내에서 대출을 받거나 월급으로 모으는 방법 외에는 없다. 목돈을 모을 때까지는 적금, 펀드 등의 재테크 수단을 이용해야 한다. 필자는 직장을 다니면서 투자를 시작했기에 어느 정도의 여유자금이 있었다. 그리고 처음에는 마이너스 통장을 활용해 5.5%의 이자를 내며 자금을 사용했으며 이후에는 직장인 신용 대출을 이용해 낮은 이율로 적절한 대출을 받을 수 있었다.

가진 돈이 없을수록 경매를 해야 한다

복리의 힘은 크다. 하지만 1%대의 저금리 시대에서 그 힘은 많이 약화한다. 앞에서 7%의 수익률을 예시로 설명했었다. 10년 동안 투자금액 대비 96.7% 수익률을 남겼으니 무척 대단한 일이다. 자기 자본의 2배 가까이 되는 돈을 벌었으니 말이다. 하지만 처음부터 1억원, 10억 원을 투자한 사람이라면 1,000만 원을 투자한 사람보다 훨씬 많은 돈을 벌어 갈 것이다. 빈부의 격차는 점차 커져만 간다.

이제 경매로 넘어와 보자. 실제로 낙찰받은 물건의 사례로 설명해 보겠다(강제 집행을 하지 않았으며 취득세는 1.1%임). 인천 미추홀구의 다세대주택인데 7·10 대책 이후 낙찰받았다(편의상 B 주택이라고 하겠다). 조정대상지역이니 50%만 대출받을 수 있다. 여기서 잠깐 알고 가야 할 것이 있다. '50% 대출받을 수 있다'는 시세나 감정가의 50%라는 뜻이다. 낙찰받은 금액에서의 50%가 아니다.

B 주택은 감정가가 7,000만 원이었고 낙찰가는 2,600만 원 정도였다. 감정가의 50%보다 낮게 낙찰되면 은행에서는 보통 낙찰가의 80~90%로 대출해준다. 물론 개인으로 입찰하면 은행에서는 방 공제 금액(최우선 변제금)을 빼겠지만 보증보험인 MCI(모기지신용보험), MCG(모기지신용보증)에 가입하면 최대한 대출받을 수 있다. 이자율은 개인마다 약간 다르나 3~4%의 이자로 낙찰금액인 2,600만 원의 90%까지 대출이 가능할 것이다[대출금액이 너무 소액이면 대출을 해주지 않기도 하니 입찰 전에 반드시 확인한다(2022년 1월 기준)].

그렇게 되면 260만 원 외 대출 실행 비용, 법무사 비용 등 포함해 100만 원 이내로 진행할 수 있고 50~100만 원 정도의 이사비로 세입자를 이사 보낼 수 있다. 수리를 해야 한다면 기본적인 인테리어로만 진행하면 되는데 300~400만 원이면 충분히 가능하다. 대출을 제외한 실투자금액은 700~800만 원 정도가 될 것이다. 1,000만 원 이하의 자금을 가지고도 충분히 투자가 가능해진다.

그렇다면 수익은 어떨까? 낙찰 가격과 그 외 기타 비용을 전부 합치면 3,200만 원 정도가 나온다. 최근 2개월 동안 거래된 비슷한 연식과 평수를 가진 물건들의 매매 가격을 보면 평균 6,800만 원으로 매매됐다. 이보다 저렴한 6,000만 원이나 5,500만 원에 내놓으면 더 빨리 매도할 수 있을 것이다. 세금 77%를 제외한다고 가정하면 대략 500만 원 이상의 순이익을 얻을 수도 있다. 무주택자일 경우 2년 동안 보유하면 일반과세로 세금을 낼 수 있는데 그러면 개인이라고 해도 2,700만 원 이상의 수익을 올릴 수 있다(다주택자라면 약 1,500만 원). 법인으로 낙찰받았다면 2,500만 원대에 달하는 순수익을 얻을 수 있다.

개인이 1년에 딱 한 번만 경매를 해서 2년만 기다리면 1,000만 원 투자로 2,700만 원 이상의 수익을 낼 수 있는 것과 10년 동안 연 7% 수익으로 854만 원 정도 수익을 낸 것을 비교해보자. 10년 동안 얻는 수익보다 빌라 경매 한 번의 수익이 훨씬 많다는 것을 알게 된다.

이런 일이 흔치 않다고 생각할 수도 있다. 필자는 많은 사례 중 하나를 택했을 뿐 실제로 소액으로 많은 이익을 볼 수 있는 물건이 정말 많다.

10억 원이 있는 사람은 10%의 수익을 올려도 1억 원이지만 1,000만 원을 가진 사람은 10%의 수익을 올려도 100만 원이다. 그래서 같은 투자라고 해도 계속 격차가 벌어질 수밖에 없는데 필자는 이를 보완해줄 해결책이 경매 투자라고 생각한다. 자본금이 소액이라면 어떠한 재테크 수단보다 빠르게 목돈을 모을 수 있는 발판을 마련해줄 수 있다. 자본금이 부족한 사람들이 경매를 해야 하는 이유이다.

3장

경매를 시작하기 전에
알아야 하는 것

1 자주 쓰이는 경매 용어

채권자 | 채무자 '채권자'는 채권을 가진 사람, 즉 금전이나 물질을 준 사람이다. '채무자'는 금전 등을 받은 사람이다. 경매에서는 채무자의 부동산이나 동산이 나온다.

임의 경매 등기부등본상의 근저당, 담보가등기, 전세권 등의 권리를 통해 경매를 신청해 채권자의 채권을 회수하는 것을 말한다. 소송 없이도 경매 신청이 가능하다.

강제 경매 채권자가 채권을 회수하지 못하면 채무자의 부동산을 압류한 후 법원에 소송을 제기해 승소 판결문을 얻는다. 승소한 판결문으로 경매를 신청해 부동산을 매각해서 채권을 회수하는 것을 말한다.

채권계산서 배당 요구를 할 때 제출하는 서류로 채권자가 채무자에게 빌려준 채권액과 그 이자를 계산해 적은 서류다.

배당 요구 채무자에게 돌려받을 돈이 있는 채권자들이 경매가 진행될 때 돌려받지 못한 채권액을 요구하는 것을 말한다. 법원에서 정한 배당 요구 종기일 전까지 신청해야 한다.

기일 입찰 법원에서 정한 특정일자에 입찰 희망자가 모여 입찰을 하는 방식이다. 경매의 매각 방법 중 하나인데 대부분 기일 입찰로 진행한다고 보면 된다. 1주일~1달 이내 기간 동안 입찰하는 기간 입찰이 있는데 법원 대부분에서 거의 진행하지 않는다.

매각물건명세서 경매가 진행되는 물건에 대한 정보를 분명하고 자세하게 적은 서류다. 법원에서 공시한 서류 중 가장 중요한 서류라고 할 수 있다. 이 서류에 임차인의 유무, 해당 물건의 등기된 권리들, 유치권, 법정지상권과 같이 효력을 잃지 않는 내용도 같이 기재되어 있다.

감정평가서 경매 물건의 담보 가치를 조사해 적은 서류다. 경매가 진행되는 물건의 경제적인 가치를 주변 시세와 비교해 평가한다.

현황조사보고서 경매가 시작하면 법원의 집행관이 직접 현장에 가서 조사한 내용을 적은 서류를 말한다. 임대차 관계, 임대료, 전입 및 확정일자, 거주 여부, 부동산 현황 등을 확인할 수 있다.

이해관계인 경매와 관련해 이해관계가 얽혀있는 사람들을 말한다. 경매에 직·간접적으로 영향받는 사람들이기 때문에 경매 절차, 관련 서류 등을 확인할 수 있는 권리가 있다.

매각 기일 법원이 진행되는 경매 사건에 대해 매각을 진행할 날짜를 말한다. 매각 14일 전까지 법원 게시판에 날짜, 장소, 시간 등을 공고한다.

경매 개시 결정 경매 신청이 적법하다고 인정되면 법원에서 경매가 개시됐다는 결정을 선고한다. 경매 개시가 결정되면 채무자에게 해당 내용을 전달하고, 경매 개시 결정 기입등기를 하기 위해 등기소에 촉탁한다.

사건번호 법원에서 진행되는 심판 사건마다 번호를 붙이는데 경매 진행 시에는 '타경'이라는 사건번호를 쓰고, 인도 명령 신청 시에는 '타인'이라는 사건번호를 쓴다.

말소기준권리 경매 물건을 낙찰받은 후 낙찰자가 인수해야 하는 권리가 있는지의 유무를 판단할 수 있는 기준이 되는 권리를 말한다. 가압류, 압류, 저당권, 근저당권, 담보가등기, 임의·강제 경매 개시 결정 기입등기, 특정 요건을 만족하면 전세권도 말소기준권리가 될 수 있다. 7개의 권리를 기준으로 가장 빠른 날짜에 등기된 것이 말소기준권리가 된다.

전입 신고 이사 등의 사유로 거주지가 변경될 때 변경된 주소지에 있는 관청에 알리는 것을 말한다. 경매에서는 임차인의 전입 신고일자를 확인하여 대항력의 유무를 판단할 수 있다.

확정일자 임대차 계약 후 임대차 계약서를 갖고 동사무소, 법원 등에 가면 확정일자를 받는다. 임대차보증금에 대해 제3자보다 먼저 채권을 받아갈 수 있는 권리를 얻기 위한 과정으로 법률로써 인정받은 일자라고 할 수 있다.

선순위 임차인 말소기준권리보다 전입일자가 빠른 임차인을 말한다. 선순위 임차인은 대항력이 있으며 임차인이 배당받지 못한 금액은 이후 낙찰받은 낙찰자가 인수해야 한다.

대항력 적법하게 이뤄진 권리관계에 대해 제3자에게 대항할 수 있는 힘을 말한다. 경매에서는 보통 전입 신고가 빠른 선순위 임차인이 있을 경우 대항력이 있다고 말한다.

최우선 변제권 임차인을 보호하기 위해 제정된 특별법으로 소액보증금액을 다른 권리보다 먼저 임차인에게 변제해줄 수 있는 권리를 말한다. 경매 개시 결정 전까지 전입 신고만 해놓으면 된다. 근저당보다 늦게 전입되어도 임차인은 낙찰가의 50% 이내(소액보증금 한도 내)에서 최우선 변제금을 받을 수 있다.

우선 변제권 여러 채권자보다 앞서 배당받을 수 있는 권리를 말한다. 경매에서 전입일자와 확정일자를 받은 임차인은 다른 후순위 채권자보다 먼저 채권을 회수할 수 있다.

임장 경매에 나온 물건의 현장에 가보는 것을 말한다. 실제로 물건의 상태, 주변 환경 등을 본다.

입찰 경매 물건을 취득하고 싶은 사람들이 희망금액을 적어 법원 혹은 경매가 진행되는 곳에 제출하는 것을 말한다.

공동 입찰 하나의 경매 물건에 2인 이상이 공동으로 입찰하는 것을 말한다. 낙찰받은 후 잔금을 납부하면 공동 명의자 전부가 소유자가 된다.

유찰 경매에 나온 물건을 입찰하려는 사람이 없거나 낙찰자의 서류 작성 미비로 인해 경매 물건의 낙찰자가 생기지 않는 경우에 유찰됐다고 한다. 보통 1회 유찰 시 최저가의 20~30%가 저감(할인)되어 다시 경매로 나온다.

재매각 낙찰자가 대금을 미납해 다시 경매로 넘어온 상황을 말한다. 시세 파악이 잘못되었거나 권리 분석이 잘못된 경우, 납부 자금이 모자란 경우 등 다양한 상황으로 인해 재매각이 진행된다. 재매각 시에는 입찰보증금이 20~30% 올라갈 수 있으니 입찰 전에 확인한다.

낙찰 금액을 가장 높게 쓴 사람이 경매 물건을 취득하는 것을 말한다. 취득한 사람을 낙찰자(최고가 매수 신고인)라고 한다.

차순위 매수 신고인 입찰할 때 두 번째로 높은 금액을 쓴 사람들 중 낙찰자(최고가 매수 신고인)가 적은 금액에서 입찰보증금을 제외한 금액보다 높게 쓴 사람은 차순위 매수 신고를 할 수 있다. 이 경우 낙찰자가 대금을 미납하면 재경매 없이 차순위 매수 신고인에게 낙찰을 허가한다.

소유권 이전 등기 촉탁 경매나 매매, 증여 등으로 소유권이 변경됐을 경우 소유자가 변경되었음을 등기부등본에 기입하는 것을 말한다.

경매에서는 보통 낙찰받은 후 14일 이후부터 잔금을 낼 수 있다. 경매에서 낙찰받은 물건은 잔금일을 소유권 취득일로 보기 때문에 잔금 납부 후 바로 소유권 이전 등기에 대한 촉탁 신청을 할 수 있다.

부동산 인도 명령 최고가 매수 신고인(낙찰자)이 대금을 완납한 후 법원에 신청하는 서류로, 낙찰받은 물건을 점유하고 있는 자에게 해당 물건을 낙찰자에게 인도하라는 명령을 말한다. 대금 납부 후 6개월 이내로만 신청이 가능하다.

배당 채권자들에게 일정한 기준에 따라 채권액을 나눠주는 것을 말한다. 경매에서는 낙찰자가 낙찰금액을 납부하면 그 대금을 등기부등본상 권리에 따라 채권자들에게 나눠준다.

명도 보통 부동산, 동산 등을 남에게 양도하는 것인데 경매에서는 낙찰자가 부동산, 동산을 점유하고 있는 자에게 낙찰받은 물건을 받는 것을 말한다.

강제 집행 법원의 인도 명령에 응하지 않은 점유자들을 대상으로 국가가 강제로 부동산 인도를 하는 절차다. 부동산 인도 명령 신청 후 진행이 가능하다.

종국 '일의 마지막'이라는 말로 경매에서는 한 사건이 종결됐음을 의미한다.

변경 경매에 물건이 나오면 언제 입찰할지, 언제까지 입찰해야 하는지 날짜가 정해진다. 변경은 그 날짜나 기간이 바뀌었음을 의미한다. 바뀐 후에도 채무자가 채무를 갚지 않는다면 일정 기간이 지난 후 다시 경매로 진행될 수 있다.

취하 경매 진행이 취소됐다는 의미다. 보통 채무자가 채권자에게 빚을 갚았을 경우 취하가 된다.

기각 요건은 갖췄으나 경매가 진행될 이유가 없다고 판단한 법원이 직권으로 경매 사건을 종결시키는 것을 말한다.

대지권 미등기 대지권은 대지를 사용할 수 있는 권리인데 이 권리가 등기되지 않았다는 것을 말한다. 경매에서 공동주택의 경우 감정평가서에 대지권의 가격이 나와 있다면 크게 중요하지 않다. 그런데 아파트 같은 경우 분양대금이 미납되는 바람에 발생할 수 있으니 시공사 문의 등으로 확인해봐야 한다.

인수주의 부동산이 매각됐을 때 선순위 권리들은 낙찰자 인수사항이 된다. 원칙적으로는 낙찰 후 소멸하는데 일부는 소멸하지 않고 낙찰자가 인수하게 되는 권리에 대해 인정하는 것을 말한다.

잉여주의 경매를 신청한 후 낙찰대금에서 경매를 신청한 채권자에게 돌아갈 채권이 없다면 신청 채권자에게 이를 알리고 법원이 직권으로 경매를 취소한다. 잉여가 있을 경우에만 부동산 차지를 허가하는데 이 원칙을 '잉여주의'라고 한다. 단, 다른 경매 신청 채권자가 있거나 회수할 수 있는 금액이 조금이라도 있다면 법원에서 직권으로 취소할 수 없다.

소멸주의(소제주의) 말소기준권리보다 늦게 등기된 후순위 권리들을 낙찰 후 낙찰자에게 인수시키지 않고 소멸(소제)시키는 것을 말한다.

대위 변제 제3자 혹은 이해관계인이 대신해서 채권을 갚아주는 것을 말한다. 경매에서는 선순위가 소액 근저당이고 후순위로 임차인이 살고 있을 경우 임차인이 대위 변제해 선순위 근저당을 갚는다면 임차인의 권리가 선순위로 올라갈 수 있다는 것을 염두에 둔다.

당해세 경매에 나온 물건에 부과된 국세와 지방세를 말한다. 보통 지방자치단체, 세무서 등에서 압류로 확인된다. 선순위 임차인, 근저당 등보다 배당을 먼저 받아간다. 따라서 선순위 임차인이 있다면 주의한다(후순위 임차인일 때는 상관없다. 자세한 내용은 179쪽을 참고한다).

2 경매 9단계, 간단하게 정리

경매는 항상 동일한 절차에 따라 진행된다. 경매가 신청되는 것부터 채권자들이 배당을 받는 것까지가 그 절차인데 입찰자가 처음부터 끝까지 관여하지는 않는다. 그렇다고 해도 경매가 어떻게 진행되는지에 대해 전반적으로 알고 있다면 좀 더 원활하게 경매에 임할 수 있다. 여기서 이 절차를 크게 9단계로 나눠 설명해보고자 한다.

1단계: 경매 신청 및 경매 개시 결정

은행에서 근저당을 설정해 법원에 신청하거나(임의 경매) 소송에서 승소해 판결문을 갖고 법원에 신청하면(강제 경매) 경매는 시작된다. 법원은 채권자의 경매 신청이 적법하다고 판단되면 등기관에게 등기부등본상의 갑구에 경매 개시 결정을 등기할 것을 촉탁한다. 동시에 부동산을 압류하고 채무자에게 경매가 시작됐다는 경매 개시 결정 정본을 송달한다.

2단계: 배당 요구의 종기, 결정 및 공고

법원은 채권자들이 채권액을 요구할 수 있는 기간을 첫 매각 기일 이전에 정한다. 그 후 경매 개시 결정 기입등기가 촉탁되어 압류의 효력이 생긴 때부터 7일 이내에 경매 개시 결정의 취지와 채권자들의 채권액을 요구할 수 있는 배당 요구 종기일자를 공고한다.

이때 권리 신고를 하지 않아도 배당받을 수 있는 채권자가 아닌 경우에는 배당 요구 종기일까지 배당을 요구해야 한다. 그래야만 낙찰 대금에서 배당받을 수 있다. 단, 체납 처분에 의한 압류 등기권자, 첫 경매 개시 결정 기입등기 전에 등기를 마친 담보권자, 가압류권자, 이중 경매 신청인, 임차권 등기권자는 배당 요구를 하지 않아도 배당 요구를 한 것으로 간주한다. 임차보증금이 소액보증금의 범위에 있는 임차인의 경우에도 배당 요구 종기일까지 배당 요구를 해야 한다.

대항력이 있는 선순위 임차인이든, 후순위 임차인이든 관계없이 최우선 변제를 받기 위해서는 배당 요구 종기일까지 배당을 신청해야 하며 경매 개시 결정 기입등기일 전까지 대항 요건을 갖춰야 한다. 최우선 변제금액에 속한다고 해도 배당 요구를 하지 않으면 배당받을 수 없다.

매각 물건 명세서상 말소기준권리에 해당하는 최선순위 설정일자보다 전입일자가 빠른 대항력 있는 임차인의 경우에도 배당 요구 종기일까지 배당 요구를 하지 않으면 배당받을 수 없다. 단, 배당 요구를 신청하지 않은 선순위 임차인은 낙찰자에게 배당금에 해당하는 금액을 요구할 수 있다.

3단계: 매각 준비

매각을 위한 준비 절차로 민사집행법 제85조 제1항에 의해 집행관에게 임차인의 보증금, 경매 부동산의 점유관계, 부동산의 현황 등의 조사를 명한다. 감정평가사에게는 부동산의 가치를 평가하게 한다. 이때 경매에 나올 부동산의 매각 가격이 결정된다.

가치를 평가한 후 바로 경매가 시작되지 않는다. 보통 6개월~1년이라는 시간이 지난 후 경매가 진행되므로 감정 평가된 날과 경매가 진행되는 날 간에는 차이가 있다. 그래서 단기간 상승한 지역의 경우 감정가보다 시세가 현저히 높을 수 있으므로 신건 물건을 눈여겨보는 것이 좋다. 보통 신건을 본다고 하면 아파트를 많이 보는데 시세가 올랐는데도 경쟁률은 현저히 낮은 빌라도 가끔 발견할 수 있으니 꼭 신건 물건을 전부 확인하는 습관을 들이면 좋다.

4단계: 매각 방법 등의 지정, 공고, 통지

법원은 경매 신청 채권자의 채권액을 받을 수 없는 상황이 되어 경매 절차를 취소할 사유가 없는 경우 매각 기일과 매각 결정 기일을 지정한다. 매각 기일은 배당 요구 종기일로부터 1개월 안에 지정해 공고하고, 매각 결정 기일은 매각 기일이 지정된 날부터 7일 안에 지정해 공고한다. 지정 기일이 확정되면 이해관계인들에게 매각 기일 등을 통지한다.

> 이해관계인들의 주소에 등기우편으로 발송하는데 이해관계인이 많은 경우 간혹 법원에서 누락하고 진행하기도 한다. 그래서 잘못 낙찰을 받았다는 판단이 들면 이해관계인들에게 정상적으로 우편이 발송되었는지 확인해본다. 등기로 전달받지 못한 사람이 있거나 등기로 3번 발송이 되지 않았는데 받은 것으로 간주됐다면 이를 사유로 불허가 신청을 할 수 있다.

5단계: 매각 실시

입찰자들이 경매 입찰을 위해 법원으로 가는 날이라고 할 수 있다. 매각 기일이 되면 지정된 법원에서 매각을 실시하고 최고가 매수 신고인(낙찰자)이 있다면 매각 절차를 종료한다. 유찰되면 최저가액에서 1회 저감한 후 매각 기일을 다시 지정한다.

6단계: 매각 결정

5단계에서 최고가 매수 신고인이나 이해관계인들의 이의가 없고 민사집행법 제121조에 따른 매각 허가에 대한 이의 신청 사유가 없다고 인정되면 최고가 매수 신고인에게 매각을 허가한다는 취지의 결정을 한다.

매각 허가 결정 후 다시 7일 이내에 이해관계인의 즉시 항고가 없으면 집행 법원은 매각 허가 결정을 확정한다. 즉, 14일 후에 최고가 매수 신고인에게 대금 지급 기한통지서가 발송되며 이때부터 낙찰자는 매각대금을 납부할 수 있다. 상황에 따라 다를 수는 있으나 되도록 빠르게 잔금을 납입해야 절차도 신속히 진행될 수 있다.

7단계: 매각대금 납부

매수인이 입찰보증금을 제외한 낙찰대금을 모두 납부하면 민사집행법 제135조의 소유권 취득 시기에 따라 낙찰 대상 부동산의 소유권을 취득하게 된다. 일반 매매와는 달리 경매는 낙찰대금 납부와 동시에 소유권 취득이 된다. 하지만 민법 제187조에 따라 소유권 이전 등기를 하지 않는 이상 해당 부동산을 처분할 수는 없다.

최고가 매수 신고인이 지정된 대금 지급 기한 안에 매각대금을 납부하지 않는다면 민사집행법 제137조 제1항에 따라 차순위 매수 신고인이 있는 경우 법원은 차순위 매수 신고인에게 매각을 허가할 것인지를 결정해야 한다. 차순위 매수 신고인이 없으면 재매각 절차로 매각 기일을 정해 진행한다. 전 매수인은 재매각 절차 3일 전까지 매각대금과 대금 지급 기한일로부터 대금 납부일까지 연 20%의 지연이자와 재매각 절차 비용을 납부하면 재매각 절차가 취소되며 보증금을 몰수당하지 않는다.

8단계: 부동산 인도 명령과 소유권 이전 등기 등의 촉탁

매수인은 6개월 이내에 대항력 없는 임차인, 제3의 점유자, 채무자에 대하여 인도 명령을 신청할 수 있다. 그러나 인도 명령 신청 기간은 소유권 이전일로부터 6개월까지만 신청 가능하다. 해당 일자를 넘기면 인도 소송을 진행해야 한다.

또한 매수인이 매각대금을 모두 납부하면 매수인 명의의 소유권 이전 등기를 촉탁할 수 있다. 동시에 부동산에 설정되어 있으나 낙찰로 소멸하는 등기들을 말소하기 위해 등기관에게 촉탁할 수 있다. 이는 잔금을 납부할 때 동시에 진행할 수 있으므로 반드시 같이 진행해야 한다. 그래야 부동산 소유권에 대한 등기 변경도 빠르게 진행되며 소송과 같은 문제의 소지를 줄일 수 있다.

명도 대상자와 협상이 잘 진행되고 있다고 해도 인도 명령 절차는 진행해놓아야 한다. 입장을 바꾸는 사람이 있기 때문이다. 신속한 진행을 위해서 신청을 해놓고 명도가 잘 이뤄졌을 경우 인도 명령을 취하하면 된다.

9단계: 배당

매수인이 대금을 납부하면 집행 법원은 배당 기일을 지정한다. 보통 잔금 납부 후 30~40일 내 배당 기일이 잡힌다. 배당 기일 3일 전까지 배당표 원안을 작성해 이해관계인들의 이의가 없으면 배당표를 확정하고 등기부등본상 채권자의 순위에 따라 배당한다.

경매를 진행하다 보면 전세를 사는 임차인의 명도를 해야 하는 경우가 생길 수 있다. 요즘에는 보증보험에 많이 가입해서 큰 문제는 없지만 간혹 보증보험에 가입하지 않은 임차인은 배당을 받아야만 나갈 수 있게 된다. 그래서 받을 보증금이 있는 임차인과 협상할 때는 배당일 당일에 이사 나갔거나 이사 중이라는 사실이 증명되는 사진과 공과금 납부, 관리비 정산내역을 확인하고 법원에서 만나서 인감증명서, 명도확인서를 주는 명도 방법이 좋다.

*

모든 경매 절차는 지금까지 말한 9단계에 걸쳐 순차적으로 진행된다. 그래서 각 단계에서 어떻게 진행되는지 알면 경매의 흐름을 이해하기 쉬워진다. 특히 5단계부터 8단계까지는 입찰자에게도 직접적으로 영향을 주는 단계이므로 좀 더 확실히 알아둘 필요가 있다.

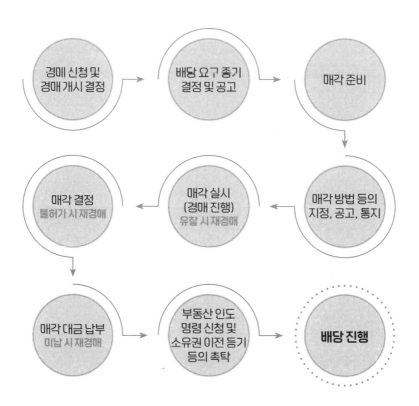

경매 신청 및 경매 개시 결정 → 배당 요구 종기 결정 및 공고 → 매각 준비

매각 방법 등의 지정, 공고, 통지 → 매각 실시 (경매 진행) 유찰 시 재경매 → 매각 결정 불허가 시 재경매

매각 대금 납부 미납 시 재경매 → 부동산 인도 명령 신청 및 소유권 이전 등기 등의 촉탁 → 배당 진행

3 경매에 직접적인 영향을 미치는 부동산 정책

2020년 상반기까지만 해도 다주택자, 법인에도 대출이 나와서 투자가 그리 어렵지 않았다. 여러 주택을 소유한 사람이나 법인이 계속 경매에 입찰했고 자산을 늘릴 수 있었다.

하지만 2020년 6·17 대책(주택 시장 안정을 위한 관리방안)과 7·10 대책(주택 시장 안정 보완대책) 이후 법인과 다주택자에게 주택 경매는 상당히 큰 부담으로 다가오게 된다. 법인, 다주택 투자자들에 대한 규제가 강화됐고 세금이 큰 폭으로 증가해 규제 직후에 경매 투자자들이 순간 크게 준 적도 있었다.

2017년 5월부터 지금까지 30개 가까이 되는 부동산 정책이 쏟아져 나왔고 투자에 많은 영향을 끼치고 있다. 지금까지 발표된 정책들 중에 경매에 직접적인 영향을 미치는 정책은 어떤 것이 있는지 이번에 알아보고자 한다(2021년 7월 기준이므로 이후 추가로 정책이 발표되면 변경될 수 있다).

취득세 관련 정책

취득세는 7·10 대책(2020년) 이후 완전히 바뀌었다. 기존에는 3주택까지는 1~3%, 4주택 이상은 4%의 취득세만 부담하면 됐고 법인의 경우 주택 수 상관없이 1~3%의 취득세만 내면 됐다. 하지만 이후에는 조정대상지역, 비조정대상지역에 따라 취득세가 달라졌다.

1주택자는 주택가액에 따라 취득세는 1~3%를 내면 되지만 2주택부터는 8%, 3주택 이상부터는 12%의 취득세를 내야 한다.

법인의 경우 1주택부터 12%의 취득세가 발생한다. 그런데 $85m^2$ 이하라면 12.4%, $85m^2$ 초과라면 13.4%의 취득세가 발생한다(법인으로 투자하면 $85m^2$를 초과하는 주택에 대해서는 취득 시 건물 가격에 추가 세금이 있기 때문에 주의한다). 그래서 다주택자나 법인의 경우 투자할 수 있는 여건이 상당 부분 감소했다고 볼 수 있다.

일시적 2주택자는 1~3%의 취득세가 발생하는데 2019년 12월 17일 이후 조정대상지역에 있는 주택을 매입하면 다른 신규주택 취득일로부터 1년 내 종전 주택을 양도해야 취득세 중과 배제 없이 취득할 수 있다.

만 30세 미만의 경우 취득세가 달라진다. 기존에는 부모의 주택 수에 합산해 산정했지만 이제는 몇 가지 조건을 만족할 경우 만 30세 미만 미혼 자녀의 주택은 부모의 주택 수에 합산하지 않는다. 조건은 다음과 같다(다음 조건만 만족한다면 만 30세 미만의 성인도 내 집 마련이 가능하다).

- 자녀의 소득이 중위소득 40% 이상일 것(한 달에 약 70만 원 수준)
- 분가해 있는 경우(대체로 세대주 분리가 되어 있다면 분가로 본다)
- 미성년자가 아닐 것

1억 원 이하의 공동주택을 구매하면 중과되지 않고 1~3%의 취득세만 부과된다. 단, 해당 지역이 정비구역으로 지정되어 있거나 가로정비구역 등의 사업이 지정된 구역이라면 취득세 중과가 될 수 있으니 주의한다. 그러므로 정비구역이 아닌 곳의 저가 빌라, 혹은 지방의 아파트(1억 원 이하)를 취득하는 것도 투자의 한 가지 방법이 될 수 있다.

대출 관련 정책

6·17 대책은 경매에 직접적인 영향을 미친 대책 중 하나다. 무주

택자, 다주택자 상관없이 주택을 구입하기 어렵게 만든 강력한 정책이라 할 수 있다.

조정대상지역을 크게 확대했다. 6·17 대책 이후 12·17 대책까지의 내용을 포함하면 수도권 거의 전부와 광주, 울산 등 전국 대도시 지역이 조정대상지역으로 묶였다. 수도권에서는 강화, 옹진, 연천, 포천, 양평, 가평, 여주, 이천과 일부 지역만 비규제 지역이다(2022년 1월 7일 기준).

조정대상지역이 되면 거주 요건, 양도세, 장기 보유 특별 공제 등 여러 부분에 있어 제약이 강화되는데 무엇보다 조정대상지역으로 지정되면 대출한도가 크게 줄어든다. 그래서 무주택자라고 할지라도 본인의 투자금액이 더 많이 들어가기에 주택을 매입하기 어려워지게 된다.

비조정대상지역의 경우 무주택자와 1주택자에게는 LTV(주택담보대출비율)가 70%까지, 2주택자부터는 60%가 나온다(하지만 주택 수에는 산정되기 때문에 비조정대상지역이라고 해도 기존 주택 2채 이상이 조정대상지역에 있다면 취득세가 가산되어 8~12%가 된다). 조정대상지역의 경우 대략 감정가와 KB (부동산) 시세의 50% 정도 선에서 대출금이 결정된다.

그런데 2021년 7월 이후 취득분에 대해서는 대출 완화 대책이 나왔다. 연소득과 현재 대출금액에 따라 다른데 최대 4억 원 한도로 조정대상지역은 LTV가 70%까지, 투기과열지구는 60%까지 가능하다고 하니 무주택자들에게는 좋은 지역의 물건을 좀 더 낮은 자기 자본으로 취득하는 방법이 하나 생겼다고 할 수 있다. 조정대상지역 시세 3~6억 원 사이의 아파트를 경매로 할 경우 1~2억 원 정도의 자금이 있으면 취득할 수 있게 되니 무척 좋은 기회라고 생각된다.

  다음의 대출 실행 가능금액을 참고하되 반드시 경매 입찰 전에 대출모집인들에게 대출 가능금액을 문의해봐야 한다. 경매 물건의 상황에 따라 저렴하게 낙찰받는다면 대출이 좀 더 나올 수도 있다. 2021년 12월에 한 지인은 1억 2,500만 원에 낙찰을 받았는데 1억 1,000만 원의 대출이 나왔다. 자금이 없다고 바로 포기하지 말고 알아본 다음에 도전해보면 좋겠다.

※ 서민·실수요자에 대한 주택담보대출 우대요건 및 우대혜택 개선 방안(요약)				
구 분	**현 행**		**개 선**	
	투기과열지구	조정대상지역	투기과열지구	조정대상지역
우대요건	무주택 세대주(공통)		무주택 세대주(유지)	
①소득기준	부부합산 연소득 0.8억 이하 생애최초구입자 0.9억 이하		부부합산 연소득 **0.9억 이하** 생애최초구입자 **1.0억 미만**	
②주택기준	6억원 이하	5억원 이하	**9억원 이하**	**8억원 이하**
우대수준			**최대 4억원** 한도(공통)	
①LTV	50%	60%	(~6억) **60%** (6~9억 구간) **50%**	(~5억) **70%** (5~8억 구간) **60%**
②DTI*	50%	60%	**60%**	60%
③DSR	은행권 40% / 비은행권 60%		은행권 40% / 비은행권 60%	
* DTI는 차주단위 DSR 미적용 차주에 대해 적용(차주단위 DSR적용 차주는 DSR 적용)				

• 출처: 금융위원회

간혹 재경매가 진행된 물건들 중에 가격도 적절하고 문제가 있지 않는데도 대금을 미납한 물건이 종종 보인다. 개인마다 신용 상태, 대출 잔액, 직업 등 여러 요인이 있기 때문이다. 같은 물건이라고 해도 어떤 사람은 대출이 가능하고 어떤 사람은 대출이 안 될 수 있다. 개인마다 대출 실행 가능금액이 달라질 수 있기 때문이다. 그러므로 처음 입찰을 해보는 투자자라면 대출 상담을 받고 진행하는 것을 권장하고 싶다. 문의하는데 돈 드는 것도 아니다. 인터넷에 경락잔금 대출, 경락잔금 대출 상담 등으로 검색해서 조금만 찾아보면 상담사들의 연락처나 경매 대출 전문 사이트들을 찾을 수 있으니 꼭 확인 후 입찰하자.

양도소득세 관련 정책

부동산 매입 때보다 높게 매도하면 차액이 발생한다. 그 차액에 대한 세금을 양도소득세라고 한다. 양도소득세도 무척이나 복잡해졌고 정말 많은 변수가 있으므로 경매 투자 시 직접적으로 연관이 있는 것만 골라서 보도록 하겠다.

2021년 6월 1일 이후부터 단기 매도로 인한 차익을 볼 수 없게 양도소득세를 크게 올렸다. 투기세력을 없애려는 목적이다. 주택 매입(구입) 후 1년 미만 동안만 보유하고 매도(판매)한다면 70%의 세금이 부과된다. 지방세 7%까지 더해지면 77%다. 또한, 1년 이상 2년 미만 내 매도를 하면 60% 세금에 지방세 6%가 더해져 66%이고 2년이 지난 이후부터 기본 세율이 적용된다. 기본 세율은 양도하면서 얻은 차액에 따라 6~45%까지 세율이 적용된다.

과세 표준	기본 세율	누진 공제액
1,200만 원 이하	6%	-
4,600만 원 이하	15%	108만 원
8,800만 원 이하	24%	522만 원
1.5억 원 이하	35%	1,490만 원
3억 원 이하	38%	1,940만 원
5억 원 이하	40%	2,540만 원
10억 원 이하	42%	3,540만 원
10억 원 초과	45%	6,540만 원

양도차익에 따른 양도소득세율

다주택자 같은 경우에는 2021년 6월 1일 이후부터 양도소득세가 기존보다 더 중과된다. 규제지역 내 2주택자에게는 20%가 중과되고, 3주택 이상 보유자에게는 30%가 중과가 된다. 기존 6~45% 세금에 추가로 20~30% 세금이 발생하는 것이다. 참고로, 수도권, 특별자치시, 광역시의 읍·면 지역이나 수도권, 특별자치시, 광역시 외 지역 중 공시 가격 3억 원 이하 주택은 양도세가 중과되지 않는다.

수익보다 세금을 더 많이 낼 수 있으므로 다주택자 같은 경우에는 매도할 때 매도차액이 적은 것부터 매도하면 좋다.

　법인의 경우에는 매도 기간과 관계없이 법인세율 10~25%와 추가 세율 20%가 합산되어 과세된다. 따라서 규모가 작은 법인은 각종 사업 비용을 처리할 때 20%대의 양도차익에 대한 세금만 내면 되기 때문에 단기로 투자할 때에는 법인으로 투자하는 게 유리할 수도 있다.

4 지금은 어떻게 투자해야 하나?

경매를 처음 시작하는 투자자의 경우 무주택자가 많다. 무주택자라면 처음 낙찰받는 물건은 아파트였으면 한다. 추후 시세차익을 얻을 수 있을 뿐만 아니라 아예 들어가서 살 수도 있기 때문이다. 또한, 요즘과 같은 상승장에서는 단기 투자로 얻는 수익보다 시세차익으로 얻는 금액이 훨씬 높을 수 있으므로 무주택자라면 처음 물건은 꼭 아파트로 가져갔으면 한다.

만약 사회생활을 시작한 지 얼마 안 됐거나 여윳돈이 많지 않다면 아파트를 투자할 자금이 없을 수도 있다. 그렇다고 포기만 할 수는 없다. 빌라와 같은 소액 물건을 단기 투자해 종잣돈을 불려가야 한다. 이제부터 그 방법에 대해 자세히 공유해보고자 한다.

무주택자의 투자법

첫 번째, 여윳돈에 따라 투자할 대상을 달리 설정해야 한다. 자본금이 어느 정도 갖춰진 경우부터 보자. 요즘 조정대상지역 내 5억 원 이하 물건은 70% 한도 내에서 대출을 해준다(최대 4억 원). 3억 원에 아파트를 산다고 하면 2억 1,000만 원이 대출이 된다(개인 신용 상태에 따라 대출 한도가 달라질 수 있으니 현재 LTV 기준으로 설명하겠다. 사실 신용 상태가 정말 좋지 않은 이상 대부분은 정상적으로 대출이 진행된다).

필자가 2021년 6월 1일 무주택자인 동생의 아파트를 낙찰받아줬다. 경기도 의정부에 있고 낙찰가는 약 3억 3,200만 원이었다.

당시에는 민락동의 아파트가 빠르게 소진되고 가격은 상승하고 있는 시기였다. 그래서 약간 공격적으로 입찰한 물건이라고 할 수 있다. 해당 물건은 LTV가 완화되는 2021년 7월 이후에는 약 2억 4,800만 원의 대출이 가능했다(최대 2억 8,400만 원까지 해준다는 곳도 있었다). 취득세, 법무비, 명도비, 집안 수리비 등으로 약 1,300만 원이 추가 발생했다. 총 3억 4,500만 원이 들었다고 할 수 있다.

필자는 당시에 조금 적게 대출을 받았으나 만약 7월 이후 대출을 받았다면 평균 대출 가능금액인 2억 4,800만 원을 받았을 것이다. 그러면 실투자금으로 약 1억 원이 들었을 것이다. 1억 원 초반의 투자금이 있어야 3억 원대의 아파트를 입찰할 수 있다. 개발 호재가 있다면 더욱 좋다. 금액이 2억 원대 아파트라면 70% 대출을 받고 명도, 수리 등의 여유 비용을 감안해 7,000만 원 정도로 입찰할 수 있을 것이다. 동생을 위해 낙찰받은 아파트는 필자의 생각대로 3개월도 안 되는 기간 동안 매매가는 4억 원이 넘었으며 호가는 더 높게 형성됐다.

어느 정두의 자금이 있는 무주택자라면 내 아파트 1채는 꼭 갖고 있으라고 당부한다. 1채는 투자가 아니라 최소한의 안전장치라고 생각했으면 한다(물론 하락장에서는 매도하는 것이 좋으나 다시 돌아올 상승장도 대비해야 한다).

자본금이 많이 없다면 적은 금액이 들어가는 물건에 투자해야 한다. 토지, 상가보다 상대적으로 접근이 쉬운 다세대주택, 연립 빌라에 투자하는 것이다. 남들이 쉽게 접근할 수 있으므로 토지 등에 비해 수익률은 적지만 여전히 괜찮은 수익이 발생하고 있다.

빌라의 시세를 조사하기 어려울 수 있는데 이와 관련해서는 5장에서 자세히 공유하고자 한다. 시세 조사만 잘하면 반은 성공한 것이다. 빌라마다 가격이 다르나 5,000~8,000만 원 정도의 빌라도 상당히 많다. 대출을 받는다면 투자금은 더욱 줄어들 것이다.

두 번째, 대상을 정했다면 어떻게 투자를 할 것인지 투자 방식을 정해야 한다. 우선 주택을 경매로 시세보다 싸게 낙찰받고 2년 이후 매도해 기본 세율로만 세금을 내면서 시세차익을 목적으로 투자하는 방법이 있다. 아파트에 투자할 때 활용하면 더 좋은 방법이다. 경매로 싸게 낙찰을 받았다면 77%의 세금을 내느니 2년 동안 보유한 후 매도하는 것이 수익을 훨씬 더 많이 얻을 수 있기 때문이다. 호재가 있는 지역은 2년 동안 시세가 크게 상승할 수도 있다. 만약 투자가 아닌 거주 목적으로 취득한 규제지역 내 주택의 경우 2년 이상 거주하면 비과세로 세금을 내지 않아도 된다. 단, 1주택자일 경우에만 비과세 혜택을 받을 수 있다.

다른 방식으로는 단기 투자가 있다. 아파트보다 빌라 경매를 할 때 더 좋다. 소위 투잡(Two Job)을 한다는 생각으로 77%의 세금을 내면서 투자하는 것이다. 경매의 목적은 수익인 만큼 수익 대부분을 세금으로 내는 것은 비효율적이라고 할 수 있다. 하지만 경매에 대한 경험을 쌓을 수 있고 다른 투잡보다 수입이 훨씬 크므로 미래의 투자금을 모은 후에는 기존 경험을 바탕으로 훨씬 수월하게 수익을 낼 수 있을 것이다.

그다음으로 법인을 만들어 투자하는 방식이 있다. 2020년에 나온 대책으로 인해 대출이 막히고 세율이 10% 증가했다고는 하나 개인 또한 1년 미만 동안 보유했다가 매도하면 양도소득세가 77%로 급격하게 상승한다. 그에 비해 법인은 법인세 10%, 법인 추가 과세 20%로 아직 개인에 비해 높지 않다(30%에 지방세 3%가 합쳐져 33%). 게다가 비용 처리는 그대로 진행되니 세금은 더욱 줄어들 수 있다. 따라서 여윳돈이 있다면 법인 방식을 추천한다. 단기 투자 시 같은 시세차익을 얻었더라도 개인투자자에 비해 2배 이상 순수익이 차이가 난다. 1년에 1번만 괜찮은 투자를 해도 법인에서 발생하는 고정

비용(기장료, 사무실 임대료 등)을 전부 상쇄시키고도 남는 투자라고 할 수 있다.

필자도 처음부터 법인으로 했으면 하는 후회를 가끔 한다. 하지만 이제 막 경매에 발을 들인 투자자에게는 법인이 부담스러울 수 있으니(필자도 그랬다) 경매가 어떤 것인지 1~2번의 낙찰을 받고 매도 또는 임대까지 한 경험을 쌓은 후에 법인을 내는 것이 좋다고 할 수 있다(7장에서 개인과 법인 간 시세차익에 따른 순수익에 대해 예시로 자세히 설명하려고 한다).

유주택자의 투자법

이제 1주택이 있는 유주택자를 위한 투자법에 대해 이야기해보겠다.

첫 번째, 1주택이 빌라인데 추후 호재(재개발 등)가 없고 여윳돈이 있다면 매도한 후에 아파트를 경매로 낙찰받는 것을 권한다. 필자도 첫 낙찰을 빌라로 받았는데 아파트를 했으면 더 많은 수익을 낼 수 있었다. 호재가 없는 빌라라면 매도한 후 아파트에 투자하는 것이 좋다.

두 번째, 보유하고 있는 1주택을 매도할 생각이 없다면 2주택까지는 대출이 나온다는 것을 이용한다. 대출을 활용한 경매로 좀 더 싸게 취득하고 월세로 내놓았다가 2년을 채운 다음에 매도하는 것이다. 월세 수익과 시세차익을 동시에 얻을 수 있다. 단, 전세로 놓으면

2주택자의 경우 대출을 받고 바로 상환하면 제약이 걸리기도 하므로 반느시 내출모집인, 은행 등에 확인해본다(2021년 9월 기준).

세 번째, 앞에서 말했던 무주택자와 같은 방법으로 단기 투자를 하는 것이다. 다주택자라고 해도 단기 투자의 경우에는 양도소득세는 똑같이 77%이기 때문에 경험 축적과 투잡의 차원으로는 괜찮다.

네 번째, 공시지가 1억 원 이하의 물건에 투자하는 것이다. 초기 재개발이나 지방 재건축 아파트 등 정비구역에 관심을 가지고 해당 지역을 파악하고 있으면 추후 해당 지역에 경매 물건이 진행될 경우 경매가 처음 진행되는 신건(감정가 100%)에서 낙찰받을 수도 있다(특히 재개발, 재건축 호재가 있는 빌라 같은 경우 신건일 때 경쟁이 낮다). 필자도 1물건당 500~1,000만 원 정도의 금액으로 투자했는데 반년도 안 되는 기간 동안 몇천만 원씩 상승하는 경험을 맛봤다. 부동산 흐름을 파악하고 일반 물건으로 매입하거나 해당 지역의 경매 물건을 찾아보는 것도 좋은 방법이라 할 수 있다.

마지막, 법인으로 투자를 진행하는 것이다. 법인 투자는 다주택자에게 최적화된 투자법이다. 다주택자도 대출이 거의 나오지 않기 때문에 법인과 투자 비용이 비슷한데 세금 측면으로 보면 양도할 때 발생하는 비용의 경우 법인이 더 적고 관련 비용에 대해 공제를 받을 수 있어서 세금을 더욱 줄일 수 있기 때문이다.

앞에서 말했던 것처럼 법인은 단기 투자를 하더라도 높아야 33%의 세금만 발생할 뿐이다. 경비 등을 비용 처리로 하면 20%대의 세

3장 경매를 시작하기 전에 알아야 하는 것

금만 낼 수도 있다(소득이 2억 원 이하 법인에 해당되며 소득이 올라가면 법인세도 최대 25%까지 올라간다). 단 1건만 수익을 남겨도 법인 설립하는 비용부터 유지비까지 충당하고도 남는다고 할 수 있다. 그래서 어느 정도 경매를 해본 투자자에게 몇천만 원의 여유자금이 있다면 법인 설립을 권한다. 단, 법인은 종합부동산세율이 3~6%로 높으므로 장기간 투자할 계획이라면 개인투자자로 하기를 추천한다.

법인으로 공시지가 1억 원 이하의 주택을 구매(취득세 대략 1.1%)해 단기로 매도하는 방식으로 투자하는 것이 개인일 때보다 유리할 뿐만 아니라 법인 투자로 적합하다고 본다. 필자가 가장 선호하는 방식으로 시세보다 낮게 낙찰받고 수리한 후 바로 매도하면서 투자를 진행하고 있다. 또한, 법인으로 어느 정도 해본 투자자의 경우 종합부동산세 납부 기준일(6월 1일)에 맞춰서 6월 30일에 매수해서 다

> 법인이라고 하면 복잡해 보이지만 관련 내용이 요즘에는 인터넷 등에 잘 나와 있다. 법인을 차리는 것부터 정관, 세무 기장까지 원스톱으로 해주는 곳이 많고 관련 앱도 잘되어 있다.
> 네이버에 '법인 설립'이라고만 치면 수백 개의 관련 광고와 블로그가 나온다. 그중 마음에 드는 곳에 맡기면 된다. 아니면 구글플레이 같은 곳에 '법인 설립'이라고 치면 저렴하게 이용할 수 있는 관련 앱이 많다. 달라는 서류만 제출하면 알아서 다 해주고 생각보다 비용이 비싸지 않다. 필자의 경우에는 설립비로 33만 원이 들었고(기장료 3개월 무료 조건), 이외에도 월 기장료 11만 원, 사업 소득 신고 기간에 추가 44만 원, 사무실 운용비 30만 원 등이 든다. 1년 동안 200만 원 전후로 든다고 할 수 있다.

음 해 5월에 매도하기도 한다.

　물론 주의할 점이 있다. 지금까지 필자가 언급했던 내용이 현재는 좋은 투자법이 될 수 있으나 너무나도 많은 규제 정책으로 인해 개인마다 대출 여부 등 특정 상황에 따라 상황이 크게 달라진다. 오죽하면 양포세(양도세 포기 세무사)라는 말이 생겼을까…. 전문가임에도 해당 부분이 복잡해 더 이상 상담을 해주지 않는 세무사가 많아서다. 그만큼 일반인이 접근하기에 어려워졌으므로 반드시 세무 상담이 가능한 전문가와 상담한 후 투자를 진행하는 것이 바람직하다.

5 경매 입찰, 따라만 하면 바로 시작할 수 있다

　경매를 시작하기 전에 관련 책을 읽는 것은 경매와 가까워지는 데 있어 무척 효율적인 방법이다. 내가 원하는 시간에 내가 알아야 하는 내용이 함축적으로 들어있기 때문이다. 그런데 책을 읽더라도 실행하지 못하는 사람이 많다. 왜 그럴까? 처음에는 경매 물건을 찾는 것부터 임장을 나가는 것까지 익숙하지 않기 때문이다.

　이번에 필자가 실제로 사용하는 지지옥션(www.ggi.co.kr)을 바탕으로 경매 물건을 찾고 현장에 나가는 과정에 대해 알려주고자 한다. 앞에서 말했던 경매 과정을 다시 떠올리면서 현장으로 간접적으로 나가본다는 생각으로 읽기 바란다. 참고로, 지지옥션은 유료 사이트다. 1년 이용권이 금액적으로 부담될 수 있다. 막 시작하는 초보자라면 한 달 이용권을 구매해 진행하는 것이 좋다.

손품으로 경매 물건 찾기

우선 사이트에서 '경매 검색'을 클릭한다. 클릭하면 나오는 '종합 검색'에서 기간을 설정하고, 입찰을 원하는 법원 또는 부동산 위치를 설정한다.

필자는 시세 파악을 위해 가격 설정은 거의 하지 않지만 소액 투자자의 경우 최대 가능 금액을 설정해두면 검색 시간을 줄일 수 있다.

처음 경매를 시작하는 투자자라면 '특수조건'에서 '재매각'을 빼고 전부 제외 항목으로 두는 것이 좋다. 그렇게 설정하면 미납되어 재매각된 물건 외에 특수한 권리가 있는 물건은 거의 보이지 않는다. 그리고 내가 원하는 물건, 예를 들어 주거시설이라면 '용도'에서 체크한 후 '검색'을 클릭한다.

물건들이 쭉 나오는데 필자는 유찰횟수 순으로 나열해 유찰이 많이 된 물건부터 차례대로 본다. 그렇게 물건을 계속 보다 보면 어떤 지역에 어느 정도의 가격이 적당하다고 예측이 가능하다. 처음 시작하는 투자자라면 초반에는 하나하나 전부 보면서 시세를 익혀야 할 수도 있다.

그렇게 괜찮아 보이는 물건이 있다면 클릭해서 본다. 클릭하면 물건과 관련한 내용이 나오는데 지금부터 설명할 권리 분석부터 해야 한다.

첫 번째, 등기부등본에서 말소기준권리 외 특수한 권리가 있는지, 낙찰 후 인수해야 하는 권리인지 확인한다. 인수해야 하는 권리가 있다면 또 다른 물건을 보는 것이 좋다. 인수해야 하는 권리가 없고 안전한 물건이라면 계속 확인한다.

• 출처: 등기소

두 번째, 매각물건명세서를 확인한다. 임차인 전입 여부, 인수사항 여부 등을 알 수 있으므로 꼭 확인한다. 임차인의 전입 여부, 최선순위 설정(말소기준권리)을 비교하면 선순위 임차인인지, 후순위 임차인인지 확인이 가능하다.

좀 더 알아보기 위해 현황조사서를 확인해 본다. 임차인의 여부와 일자를 확인할 수 있다. 그 후 '당사자 내역/법원문건 접수'에서 임차인이 있는지 확인하면 더욱 안전하다.

세 번째, 전입세대 열람 내역을 확인한다. 지지옥션에서는 전입세대 열람 내역을 발급할 수 있지만 그렇지 않은 사이트라도 문제될 것은 없다. 경매 사건 내역과 신분증을 갖고 가까운 주민센터에 가면 이해관계인이 아니라도 발급해준다. 전입세대 열람 내역에는 임차인이 살고 있는지, 소유자 겸 채무자가 살고 있는지, 상세 불명의 누군가가 살고 있는지 등을 알 수 있다.

• 출처: 지지옥션

　임차인이 있다면 전입일자를 확인할 수 있는 중요한 서류다. 전입
일자가 말소기준권리보다 늦으면 안전한 물건이라고 판단하면 된
다. 또한, 추후 인도 명령을 신청할 때 인도 명령 대상의 이름을 쓸
때도 참고할 수 있다. 현황조사서를 같이 보면서 임차인인지, 소유자
인지, 아니면 미상(확인되지 않음)인지 파악할 수 있다.

　네 번째, 감정평가서를 확인해 내가 봤던 건물과 대지의 크기가 같
은지, 이용 상태와 공부상의 차이는 없는지, 구조나 사진은 어떠한지
등을 확인해 본다. 특히 빌라는 아파트와 달리 내부를 제대로 확인
할 수 없으므로 내부 구조도를 통해 자세히 확인해야 한다(건축물 현
황도가 없고 그림이 제대로 그려지지 않은 경우도 있다. 손으로 그렸을 수도
있어서 구조도를 맹신하면 안 된다. 하지만 현황상 좌우 호수가 바뀐 것이 아
니라면 큰 영향은 없다. 좌우 호수 확인 방법, 탈출 방법 등은 뒤에서 설명하
겠다).

　다섯 번째, (빌라에 해당하는 내용인데) 집합건축물대장을 확인해봐

야 한다. 정부24(www.gov.kr)에서 무료 열람이 가능하다. 이 사이트
에서 용도를 중점적으로 확인해야 한다. 주의할 사항을 알 수 있다.
예를 들어, 다세대주택인데 용도는 근린생활시설, 사무실 등 다른 용
도로 사용한다면 입찰하지 않는다. 정상적이라면 다세대주택이라고
나와 있어야 한다.

• 출처: 정부24

여섯 번째, 아파트와 상가 같은 경우 관리실에 전화해 관리비를 미
리 확인해본다. 지지옥션에는 관리비와 관리실 전화번호가 나와 있
다. 나와 있는 관리비는 빠르면 몇 개월 전에 확인했던 경우가 많으
므로 현재 관리비와 금액이 상이할 수 있다. 그러므로 입찰 전에 금
액을 확인해본다. 빌라 대부분은 관리비가 없고, 있다고 해도 그리
많지 않기 때문에 크게 신경 쓰지 않아도 된다.

109

*

지금까지 말한 6가지를 전부 확인해 안전한 물건이라고 판단됐다면 이제 시세 조사를 해야 한다. 처음에는 네이버 부동산에서 확인한 다음, 각종 사이트를 이용한다(좀 더 자세한 시세 조사의 방법은 뒤에서 설명하겠다). 그 후 인터넷으로 시세 조사한 금액과 현재 경매에 나와 있는 물건의 최저가를 비교해본다. 필자는 부동산 수익률 분석표에 대략적인 입찰금액, 수리 비용, 명도비 등을 넣고 계산한다. 필자의 블로그에 들어가면 수익률 분석표를 얻는 방법이 있으니 참고한다(blog.naver.com/dbwogus0321/222496937582).

손품 후 효율적인 임장 루트 정하기

수익률 분석표 등으로 분석했는데 어느 정도의 차액이 날 것 같으면 이제 현장 조사를 나갈 타이밍이다.

현장 조사라고 해서 그냥 나가면 안 된다. 순서를 정해야 한다. 바쁜 직장인이라면 주말밖에 임장할 시간이 없기 때문에 되도록 효율적으로 움직여야 한다. 한정된 시간 안에서 되도록 많은 물건을 조사하려면 몇 주 치의 임장 동선을 미리 짠 후에 움직여야 시간을 절약할 수 있다. 그렇게 손품으로 여러 물건을 찾으면서 입찰 예정 물건을 골라놓는다.

이렇게 3주에서 한 달 정도 후에 경매가 진행될 물건들을 관심 물건으로 지정해놓는다. 예를 들어, 오늘이 2021년 12월 31일이라면 내진이면 대전, 전국이면 전국, 수도권이면 수도권으로 지역을 정해놓고 2022년 1월 경매 물건을 전부 찾는다. 그중에서 본 다음, 입찰하고 싶은 물건들을 등록하다 보면 어느새 수십 개 이상의 물건이 쌓인다.

그 후 '고객 라운지 – 일정 관리'에 들어간다. 보통 물건을 쭉 찾다 보면 관심 물건의 경매가 서로 다른 법원에서 진행되는 등 겹치는 경우가 발생한다. 이때는 겹치는 물건들 중 제일 괜찮아 보이는 물건이 더 많은 법원으로 가면 된다.

경매일자가 달라도 되도록 가까운 경매 물건끼리 임장을 돌 때 한 번에 봐야 한다. 예를 들어, 월요일은 인천지방법원, 화요일은 안산지방법원, 수요일은 인천지방법원, 목요일은 중앙지방법원 등의 일정이라면 월요일, 수요일에 입찰하려는 물건을 한 번에 보는 것이다. 인천 남부 쪽에 있는 물건이라면 안산 쪽에 있는 물건에도 가볼 수 있도록 동선을 미리 짜둔다.

손품으로 대략적인 권리 분석과 시세만 파악하고 전부 관심 물건으로 두기도 한다. 그런 다음, 가야 할 법원을 확인하고 권리 분석을 좀 더 자세히 하면서 입찰을 포기할 물건을 고른다. 이렇게 하면 물건을 검색하는 방법이 빨라진다. 하지만 입찰을 포기하면서 법원을 다시 정해야 할 수 있으니 되도록 초보 투자자라면 앞에서 설명한 것처럼 하나씩 꼼꼼하게 권리 분석을 하고 관심 물건에 넣은 후에 입찰할 물건을 정하는 방식을 따르면서 자신만의 방법을 찾기를 바란다.

필자는 하루에 10곳 이상을 간 적도 있었다. 그럴 때는 일정을 반드시 미리 짜둬야 동선 낭비를 하지 않는다. 동선을 짜는 데 시간이 소요될 수 있지만 무작정 가서 낭비하는 것보다는 훨씬 질약적이다. 여러 곳을 가야 한다면 사전에 꼭 동선을 짜기를 권한다.

처음에는 매주 하루씩 임장을 돌았던 것 같다. 그러나 시간이 부족하다고 느껴 3주에서 한 달 치 물건을 한 번에 보고 동선을 짜니 1주일에 2~3일만 사용해도 전부 돌 수 있었다(임장 시 반드시 봐야 하는 부분에 대해서는 뒤에서 필자가 낙찰받은 물건을 보면서 설명하겠다).

그렇게 임장을 마쳤다면 시세가 정확하게 판단됐을 것이다. 수익률 분석표에 수정한 자료를 넣어 다시 한번 계산을 해본 다음, 원하는 수익을 얻을 수 있겠다고 판단되면 입찰에 참여한다.

*

지금까지 말한 정도만 확인해도 안전하게 입찰할 수 있다. 꼭 지지옥션을 사용해야 한다는 법은 없다. 다른 사이트라고 해도 앞에서 말한 절차를 그대로 따르면 된다(혹여나 문제될 사항이 없는지 궁금하다면 필자가 탈잉, 프립에서 원데이 클래스로 진행하는 강의를 들으면 한 달 동안은 물건 분석을 해주니 참고하면 좋다. 굳이 필자의 강의를 듣지 않고서라도 오픈 채팅방, 온라인 카페 등을 통해 안전한 물건인지 확인하는 것만으로도 충분히 안전한 경매를 할 수 있다).

　처음에는 모든 것이 오래 걸릴 수 있다. 특히 권리 분석을 처음 접하면 더욱 그렇다. 그렇지만 보면 볼수록 속도는 빨라질 수밖에 없다. 필자도 보통 물건 하나당 2분 이내가 걸리고, 빠르게 볼 때는 3주 치도 6~7시간이면 다 보게 된다. 독자 여러분도 계속 물건 찾는 연습을 하다 보면 충분히 빨라질 수 있다.

여러 물건 입찰 시 낙찰 가격 산정 노하우

3주에서 한 달 치 물건을 봤다면 같은 날 같은 법원에서 진행하는 물건이 여럿 있을 수 있다. 비슷한 조건의 경매 물건들이라면 1건보다는 2건에 입찰할 때 낙찰 확률이 높아진다.

'전부 다 낙찰되면 어쩌지'라는 생각을 할 수도 있다. 여러 물건을 입찰할 때는 정말 낙찰받고 싶은 물건이라면 설정한 기준금액에서 좀 더 산정하고, 나머지 물건들은 좀 더 보수적으로 산정해 입찰하면 된다. 시세를 잘 파악했다면 전부 다 낙찰받을 가능성은 거의 없다.

5~6개의 물건에 동시에 입찰한 적이 있었다. 우선순위를 정해서 가장 낙찰받고 싶은 물건 1~2개를 정했다. 그리고 원하는 시세차익이 3,000만 원이라면 1~2개는 시세에서 3,000만 원 차익으로 잡고 다른 3~4개는 시세에서 3,500만 원 이상 차이 나게 입찰했다(물론 입찰금액대에 따라 시세차익의 기준은 달라질 수 있다. 입찰한 물건의 가격대와 입찰자의 기준에 맞춰 입찰금액을 산정하면 된다).

4장

생애 처음으로
낙찰받다

1

1단계:
기초가 튼튼해야
무너지지 않는다

권리 분석은 경매를 시작하는 데 있어 입찰자들이 가장 먼저 통과해야 할 첫 관문이라고 할 수 있다. 그만큼 권리 분석은 아주 중요하다. 이런 권리 분석이 빨라진다면 그만큼 더 많은 물건을 볼 수 있고 결국 좋은 물건을 찾을 확률이 높아지게 된다. 필자도 처음에는 정해진 순서대로 권리 분석을 진행했는데 1건 보는 데도 시간이 오래 걸렸다. 현재는 지금까지 꾸준하게 한 결과, 웬만한 물건은 2분 이내로 볼 수 있게 됐다. 사실 2분 이내로 봐도 되는 경매 물건이 90% 이상이라고 할 수 있다.

만약 권리 분석을 잘못하면 어떠한 일이 벌어질까? 상상하기도 싫은 일이다. 내가 입찰한 보증금을 몰수당할 수 있기 때문이다. 부동산에서 보증금은 작은 물건이라고 해도 수백만 원에서부터 수천만 원까지 기본 액수 자체가 매우 높다. 이 금액이 잘못된 권리 분석으로 인해 사라질 수 있는 것이다. 대금을 전액 납입했다가 이상한 점을 알게 되어 매우 난처해진 상황을 본 적도 있다. 정말 최악의 상황이었다. 그런 최악의 상황을 겪게 되면 엄청난 자금 손실은 물론이고 다시 경매에 발을 들이지 않을 가능성이 높다.

그래서 경매에 처음 입문하는 사람이 가장 두려워하는 것이 바로 권리 분석이다. 권리 분석의 중요성은 몇 번 강조해도 지나침이 없지만 생각보다 어렵지 않다. 기본적인 내용과 권리 분석을 순서대로 진행하면 누구보다도 안전하게 시작할 수 있다. 처음 경매에 입문한다면 권리 분석이라는 첫 단추는 정확히 끼워야 한다.

살면서 한 번은 마주해야 할 등기부등본

이토록 중요한 권리 분석을 하기 위해 첫 번째로 알아야 하는 것이 등기부등본이다. 처음 등기부등본을 보면 작은 글씨로 내가 알지 못하는 용어들을 쭉 나열해놓은 것 같다. 압류, 근저당 등 처음 보는 용어가 가득하다. 이 용어들을 보고 있노라니 등기부등본을 보기가 싫어진다. 하지만 등기부등본 확인법을 배우는 것은 그리 오랜 시간이 걸리지 않는다.

필자는 강의할 때 등기부등본 보는 법을 설명해준다. 평균 40분

내외로 설명과 실습을 하는데 그 정도면 거의 대부분이 이해한다. 특히 등기부등본 대부분에는 간단한 권리관계만 있어서 더더욱 빠르게 학습된다. 그렇다면 등기부등본은 경매를 할 경우에만 필요할까?

아니다. 등기부등본을 볼 줄 아는 것은 살면서도 매우 중요한 지식이다. 공인중개사사무소에 스스로 가본 적이 있는가? 지금 가본 적이 없더라도 앞으로 살면서 한 번은 가게 된다. 현재는 부모님과 같이 산다고 해도 타지역에 가서 월세나 전세를 구할 때, 결혼해 본인의 집을 구할 때 공인중개사사무소에 가야 한다. 보통 공인중개사의 소개로 계약해도 되지만 내가 등기부등본을 직접 알고 있는 것과는 큰 차이가 있다.

앞에서 언급했던 동창 A를 잊지 않고 있을 것이다. A도 다른 사람들 대부분과 같았다. 등기부등본을 볼 줄 모르고 공인중개사가 안전하다고 하니 그렇게 알고 살게 된 것이다. 임대인을 만나 계약한 것이 아니라는 말이다(현재 A의 부동산 중개를 맡았던 공인중개사사무소는 폐업하고 사라졌다). 부동산처럼 큰돈이 들어가는 계약을 할 때는 스스로 공부하고 알고 있어야 예기치 못한 손해를 볼 가능성이 줄어든다. 책임은 본인 스스로 지는 것이다.

추가로 등기부등본을 볼 때 알아둘 것이 더 있다.

첫째, 대지권의 목적인 토지의 표시와 대지권의 표시를 봐야 한다. 특히 재개발이 이뤄지는 지역에서는 대지권의 크기가 중요하다. 만약 다르다면 계산을 해봐야 한다.

(대지권의 목적인 토지의 표시)				
표시번호	소 재 지 번	지 목	면 적	등기원인 및 기타사항
1	1. 경기도 고양시 일산동구 사리현동 ▦▦	대	474㎡	2013년1월3일

(대지권의 표시)			
표시번호	대지권종류	대지권비율	등기원인 및 기타사항
1	1 소유권대지권	474분의 59.724	2003년1월3일 대지권 2013년1월3일
2			별도등기 있음 1토지(을구 2번, 3번 별도등가 있음) 2013년1월3일
3			2번 별도등기 말소 2013년1월31일

• 출처: 등기부등본

대지권의 목적인 토지의 표시가 240㎡이고 대지권 비율이 120분의 10이라고 가정해보자. 계산식은 다음과 같다.

$$240㎡ : x = 120 : 10$$

'120x=2,400'이 되고 'x'는 '20'이다. 따라서 토지의 면적은 20㎡가 된다. 필자가 그동안 현장에서 본 바로는 보통 대지권이 달라도 크게 영향은 없으니 재개발이 아니라면 입찰해도 무방하다.

둘째, 재개발 지역의 전환 다세대일 경우 일반에서 집합으로 전환되어 신규 작성이라고 나와 있다. 재개발 지역이고 건축물대장이나 등기부등본에 2003년 12월 30일 이후에 전환됐다고 확인되면 초보자들은 입찰하지 않는 것이 좋다. 하지만 이런 물건은 지금은 거의 보이지 않는다.

위기를 기회로, 권리 분석은 누구에게나 중요하다

다음 사례를 보자. 2020년 12월에 진행된, 그리 오래되지 않은 사건이다.

임차인은 후순위다. 2018년 11월 29일에 근저당이 설정되었는데 전입 신고는 2018년 12월 5일에 했다. 무려 보증금은 4억 원이나 되는데 보증보험 없이 전세로 들어갔다. 아무래도 등기부등본을 볼 줄 몰랐던 것 같다. 앞에 선순위 권리가 있는데도 불구하고 근저당 원금을 합쳐 시세의 90%에 가까운 전세금을 주고 들어갔다[(대출원금 3.7억 원+보증금 4억 원)÷시세 8.8억 원]. 선순위 권리가 있다면 아파트 시세의 70~80%를 한도로 한 전세로 들어가야 안전하다.

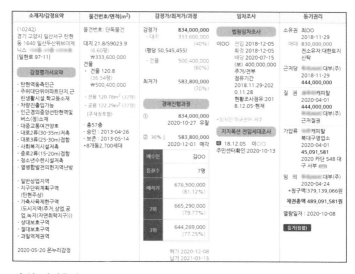

• 출처: 지지옥션

2018년 11월 해당 아파트의 시세는 고층 기준으로 8억 8,000만 원 정도였다. 근저당과 관련해서는 채권 최고액이 4억 4,400만 원으로 되어있고 대출금액의 120%를 채권 최고액으로 잡았다. 결국 '4억 4,400만 원÷120%'로 계산해본다면 실제 빌렸던 대출금은 3억 7,000만 원이다. 낙찰받은 금액에서 임차인보다 먼저 배당을 받아간다. 낙찰은 얼마에 됐을까? 6억 7,650만 원이다(이후 계산에서는 편의상 6억 7,600만 원으로 하겠다). 2억 2,600만 원에서 3억 원 정도를 배당받을 수 있다[6억 7,600만 원(낙찰액) - 600만 원(경매 진행비) - '3억 7,000~4억 4,400만 원(선순위 근저당, 이자에 따라 상이)'].

결과적으로 최악의 경우 임차인은 1억 7,400만 원의 손실을 보게 된다. 임차인은 등기부등본이라는 종이 몇 장을 제대로 확인하지 않아서 1억 원 이상을 한순간에 날리게 됐다.

반대로 가정해보자. 임차인은 자신의 큰돈을 날리게 됐다는 심각한 경우를 인지했다. 그래서 적극적으로 공부해서 직접 입찰해 6억 7,600만 원에 낙찰을 받았다면 어땠을까? 기존 보증금 4억 원을 더해 총 10억 7,600만 원을 해당 아파트에 투자한 것이 된다(실무적으로는 낙찰 후 본인이 받을 수 있는 금액에서 상계 신청을 할 수 있다). 이후 돌려받을 수 있는 금액을 2억 8,000만 원이라고 가정하면 결과적으로 7억 9,600만 원(=10억 7,600만 원 - 2억 8,000만 원)에 해당 아파트를 살 수 있게 된다. 2020년 12월 기준, 해당 아파트의 시세는 8억 원대다. 만약 임차인이 낙찰을 받았더라면 대출이나 취득세 등의 추가 비용을 감안해도 시세와 비슷한 금액이었을 것이다.

1억 원을 잃을지, 오히려 기회로 삼아 돌파구를 마련할 수 있을지는 오롯이 본인 몫이다. 안타깝게도 임차인은 전자를 택했다. 독자 여러분은 위기가 오더라도 현명하게 대처할 수 있다고 믿는다.

경매를 당하는 입장이 아니라 경매를 하는 입장에서도 권리 분석은 매우 중요하다. 특히 초보자에게는 더욱 그렇다.

임차인이 대위 변제를 했다고 가정해보자. 임차인이 근저당 3억 7,000~4억 4,400만 원 사이의 대출금을 전부 갚는다면 선순위 임차인으로 지위가 올라간다. 이와 별개로 4억 원의 전세금이 있다. 이를 모르고 경매 투자자가 입찰하면 문제가 될 수 있다. 임차인이 받지 못하는 금액은 전부 낙찰자가 인수해야 하는 상황이 발생한다. 해당 사례에서는 시세와 비슷하게 낙찰받은 것이니 큰돈을 잃지 않겠지만(만약 임차인 명도에 어려움을 겪는다면 수백만 원 이상의 손해를 볼 수도 있다) 심리적 스트레스와 시간 손실은 어마어마할 것이다.

이처럼 낙찰받고 어떤 상황이 펼쳐지는지는 사소하지만 중요한 권리 분석에서 시작된다. 경매를 한다면 등기부등본뿐만 아니라 감정평가서, 매각물건명세서, 현황조사서, 전입세대 열람 내역 등의 서류도 반드시 같이 봐야 한다.

사실 권리 분석을 잘못해서 대금을 미납한 사건은 그리 많지 않다. 물건 10개 중 1개 정도나 그 이하다. 하지만 권리 분석을 제대로 하지 않으면 그 낮은 확률에 걸릴 수도 있다. 관련해서 짧게 경남의 아파트 사례를 하나 들어보겠다(법원 진행 비용은 없는 것으로 가정한다).

	종류	권리자	등기일자	채권액	예상배당액	인수	비고
등기권리	임차권	이OO	2016-01-21	120,000,000	5,321,142	인수	
	소유권	최OO	2016-11-04			말소	
	근저당권	거제[새]	2016-11-04	117,000,000		말소	말소기준등기
	가처분		2016-12-16			말소	
	임 의	거제[새]	2018-09-11			말소	경매기입등기
	압 류	거제시	2020-04-14			말소	
	전입자	점유	전입/확정/배당	보증금/차임	예상배당액	대항력	인수	형태
임차권리	이OO 임차권	주거/전부	전입 : 2011-12-26 확정 : 2011-12-26 배당 : 2016-01-21	보 120,000,000	5,321,142	有	일부 인수	주거
	종류	배당자	예상배당액	배당후잔액	배당사유
배당순서	경매비용		2,688,858	5,321,142	
	임차인	이OO	5,321,142	0	임차인

• 출처: 지지옥션

해당 아파트의 임차인은 근저당일자보다 빨리 전입했고 확정일자, 임차권까지 받아놓았다. 선순위 임차인은 전세로 1억 2,000만 원에 들어와 살고 있었고 해당 아파트의 시세는 9,500만 원 정도다. 아파트 시세보다 보증금이 더 높다. 선순위 임차인의 보증금은 낙찰자가 인수해야 하는 사항이다. 낙찰자가 선순위 임차인의 보증금을 책임져야 한다는 것이다. 즉, 1억 2,000만 원을 임차인에게 줘야 한다. 낙찰된 9,500만 원에서 보증금을 전부 받지 못하면 낙찰자는 임차인이 받지 못한 금액만큼을 전부 임차인에게 지급해야 한다. 그래야 임차인을 명도할(내보낼) 수 있다. 1원으로 낙찰을 받았다고 해도 낙찰자는 손해를 볼 수밖에 없다.

낙찰자 인수사항(임차인에게 1억 2,000만 원을 지급해야 하는 사항)이 있는데도 불구하고 5회 유찰 이후 6회 차에 누군가가 4,300만 원 정도에 입찰했다. 이 낙찰자는 1억 2,000만 원에서 4,300만 원을 제외한 7,700만 원을 추가로 임차인에게 지급해야 한다. 따라서 낙찰자는 낙찰가 4,300만 원을 포함해 총 1억 2,000만 원에 해당 아파트를 구매하게 될 상황이 됐다. 이후 낙찰자는 입찰 최저가 3,297만 원의 10%인 329만 원을 미납했다. 추가로 2,000만 원 넘게 손해 보는 것보다 미납하는 것이 훨씬 나은 판단을 하지 않았을까? 아마도 이 낙찰자는 임차인의 보증금을 추가로 인수해야 한다는 것을 낙찰 후에 알았을 것 같다.

두 번째로 등장한 낙찰자는 815만 원에 낙찰받았다. 낙찰 후 결과는 역시나 대금 미납이다. 재매각이 진행된 후 세 번째 낙찰자가 나왔다. 801만 원에 낙찰을 받았다. 권리 분석을 잘 알고 있는 사람이라면 애초에 입찰하지도 않겠지만 가격이 내려가자 낙찰자가 하나씩 나타났다. 세 번째 낙찰자는 대금을 납부했다. 이 낙찰자는 임차인이 돌려받지 못한 1억 2,000만 원, 낙찰대금 801만 원, 경매 진행 비용(법원에서 진행해주고 수수료를 받는 비용) 260만 원 등 1억 원 이상이 추가로 들어갈 것이다. 참고로, 후순위 임차인에게는 낙찰자가 보증금을 물어주지 않아도 되나 선순위 임차인, 즉 말소기준권리보다 빠른 일자에 전입한 임차인은 낙찰자 인수사항에 해당하니 혼동 없기를 바란다. 말소기준권리는 바로 뒤에서 설명하겠다.

당시 시세가 9,500만 원이었으니 수천만 원의 손실을 볼 것이다. 게다가 해당 아파트가 있는 시에서 실징한 딩해세에 해당하는 금액까지 물어줘야 했다(선순위 임차인보다 당해세가 먼저 배당을 받아간다).

이처럼 많이 유찰되어 저렴해 보인다고 현혹되어 권리 분석을 제대로 하지 않고 입찰하면 나의 소중한 자금을 잃을 수 있는 결과를 초래하게 된다. 따라서 경매에 있어 권리 분석은 피할 수 없는 운명과도 같다.

이후에 경매를 계속하다 보면 권리 분석이 제일 쉽다고 생각할 것이다. 첫 단추를 잘 끼워야 한다. 약간의 배움으로 누구든지 할 수 있다. 독자 여러분도 충분히 할 수 있다.

말소기준권리 6가지+1가지

권리 분석을 할 때 '말소기준권리'를 가장 먼저 봐야 한다('말소기준등기'라고도 부른다). 사전에 등재된 단어는 아니지만 경매에서 자주 쓰이는 용어다.

말소기준권리는 선순위와 후순위에 있는 권리들을 파악할 수 있게 해줘서 낙찰자가 인수해야 하는지, 아니면 소멸하는 권리인지 알 수 있게 해준다. 낙찰자가 낙찰받은 물건지의 점유자에게 강제 집행이나 명도 소송을 해야 하는지에 대한 판단 기준도 된다. 말소기준권리보다 먼저 전입한 임차인의 경우 배당 신청을 하지 않는다면 낙찰자는 강제 집행을 할 수 없다.

이제 설명할 말소기준권리는 낙찰자가 인수하는(물어줘야 하는) 권리가 아니다. 경매로 얼마에 낙찰을 받든 낙찰자는 말소기준권리를 인수하지 않는다. 이러한 말소기준권리는 기본적으로 6가지가 있고, 일정한 조건이 충족되면 말소기준권리가 되는 1가지(선순위 전세권)가 추가된다. 즉, 선순위 전세권이 말소기준권리가 되면 낙찰자가 인수해야 하는 사항이 아닌 것이 된다.

지금부터 설명할 권리들은 전부 임차인이 후순위(전입일자가 곧 설명할 말소기준권리보다 늦을 경우)이거나 소유자가 점유하고 있을 경우다. 임차인이 선순위인 경우는 다음 장에서 자세히 설명하겠다. 우선 말소기준이 되는 권리들을 구체적으로 살펴보자.

① 압류

② 가압류

③ 저당권

④ 근저당권

⑤ 담보가등기

⑥ 경매 개시 결정 기입등기

(일정 조건을 충족할 경우) ⑦ 선순위 전세권

말소기준권리가 될 수 있는 권리들은 이 7가지가 전부다. 그 외 권리들은 말소기준권리가 될 수 없다.

일반적으로 많이 보게 될 말소기준권리는 근저당권이다. 보통 은행, 대부업체, 보험사 등에서 근저당권으로 경매를 신청하는 경우가 많기 때문이다. 이렇게 6가지 권리(①~⑥)가 등기부등본에서 가장 빠른 일자로 설정되어 있다면 그것이 말소기준의 권리가 되고 접수 날짜가 늦은 후순위 권리들은 전부 사라지게 된다. 뒤의 6장에서 자세하게 다룰 선순위 가처분, 환매특약등기, 전 소유자의 가압류, 선순위 지역권 등의 위험한 권리들은 후순위로 되어있어도 낙찰자가 인수할 수 있으나 앞의 6가지 권리(①~⑥)만 등기부등본에 있다면 낙찰자 인수사항이 전혀 없는 것과 같으므로 입찰해도 안전한 물건이라고 할 수 있다.

근저당권 외에 저당권이라는 권리가 있다. 같은 저당에 대한 권리이나 근저당권과의 차이는 등기부등본상에서 채권 최고액의 차이로 확인할 수 있다. 예를 들어, 은행에서 1억 원을 빌리면 은행은 보통 120~130%의 채권 최고액을 설정한다. 1억 원을 빌려주고 이자를 받는데 이자를 내지 않으면 1억 원과 이자를 받지 못한 부분을 합쳐서 최대 1억 2,000~1억 3,000만 원까지 받겠다는 의도다. 반면, 저당권의 경우 1억 원을 빌렸다면 등기부등본상에는 1억 원으로 적힌다. 이자를 받고 빌려줬다고 해도 이자 없이 1억 원까지만 받을 수 있다는 차이점도 있다.

다음으로 가압류와 압류가 있다. 당사자 간의 거래로 타인에게는 주장할 수 없는 권리다. 은행에서 부동산을 담보로 개인에게 대출해 줬는데 갚지 않았을 때, 지인 간에 돈거래를 했으나 갚지 않았을 때 돈을 받기 위해 소송해서 승소해 해당 부동산을 팔지 못하게 할 때 가압류를 걸었다고 한다. 압류는 보통 국가에서 지방세, 국세 등을 체납했을 때 설정하는 것을 말한다.

담보가등기의 경우 기억해야 할 점이 하나 있다. 가등기로는 보전 가등기(소유권 이전 청구 가등기)와 담보가등기, 2가지가 존재한다는 점이다. 담보가등기는 말소기준권리로 낙찰자 인수사항이 아니나 보전가등기는 낙찰자 인수사항이다. 만약 보전가등기의 물건을 인수한다면 낙찰받고도 물건을 빼앗기는 상황이 벌어질 수 있으므로 신중하게 접근한다. 등기부등본상에서도 확인이 어렵다. 그렇다면 어떻게 확인할 수 있을까?

가장 먼저 법원 문건 접수내역을 확인한다. 담보가등기권자라면 배당 요구 종기일 전에 반드시 채권계산서나 배당 요구를 해야 한다. 법원 문건 접수상에서 가등기권자의 권리 신고라고만 나와 있다면 보전가등기인지, 담보가등기인지 알 수 없다. 하지만 못 받은 돈을 받기 위해 채권 계산 내용, 배당 신청을 한다면 담보가등기로 판단할 수 있다. 즉, 낙찰자 인수사항이 아닌 안전한 물건이다.

가등기권자가 경매를 신청한 경우도 있는데 이는 받지 못한 돈을 회수하려는 목적인 담보가등기로 판단하면 된다. 그 외 등기부등본 상 매매 예약 가등기가 아닌 대물 반환 예약 가등기가 설정된 경우

<table>
<tr><th colspan="3">문건처리내역</th></tr>
<tr><th>접수일</th><th>접수내역</th><th>결과</th></tr>
<tr><td>2017.09.11</td><td>등기소 부○○○○○ ○○○○ ○○○ 등기필증 제출</td><td></td></tr>
<tr><td>2017.09.12</td><td>채권자 수○○○○○○○○(○○○) ○○ ○○○UUUUUUU○○) 보정서 제출</td><td></td></tr>
<tr><td>2017.09.21</td><td>교부권자 국○○○○○ 교부청구서 제출</td><td></td></tr>
<tr><td>2017.09.26</td><td>집행관 이○○ 현황조사보고서 제출</td><td></td></tr>
<tr><td>2017.09.27</td><td>압류권자 금○○○○ 교부청구서 제출</td><td></td></tr>
<tr><td>2017.09.27</td><td>감정인 갑○○ 감정평가서 제출</td><td></td></tr>
<tr><td>2017.09.28</td><td>교부권자 기○○ 교부청구서 제출</td><td></td></tr>
<tr><td>2017.10.10</td><td>임차인 박○○ 권리신고 및 배당요구신청서 제출</td><td></td></tr>
<tr><td>2017.10.17</td><td>채권자 수○○○○○○○○(○○(○○) ○○ ○○○○○○○○○○) 특별송달신청 제출</td><td></td></tr>
<tr><td>2017.11.02</td><td>가등기권자 윤○○ 채권계산서 제출</td><td></td></tr>
<tr><td>2017.11.17</td><td>임차인 신○○ 권리신고 및 배당요구신청서 제출</td><td></td></tr>
<tr><td>2017.11.17</td><td>임차인 신○○ 권리신고 및 배당요구신청서 제출</td><td></td></tr>
<tr><td>2017.11.21</td><td>임차인 신○○ 권리신고 및 배당요구 정정신청서 제출</td><td></td></tr>
<tr><td>2017.11.21</td><td>임차인 신○○ 권리신고 및 배당요구 정정신청서 제출</td><td></td></tr>
<tr><td>2017.11.21</td><td>임차인 신○○ 권리신고 및 배당요구 정정신청서 제출</td><td></td></tr>
<tr><td>2018.04.20</td><td>채권자 수○○○○○○○○(○○(○○) ○○ ○○○○○○○○○○) 보정서 제출</td><td></td></tr>
<tr><td>2018.04.26</td><td>압류권자 금○○○○ 교부청구서 제출</td><td></td></tr>
<tr><td>2018.06.05</td><td>채권자 수○○○○○○○○(○○(○○) ○○ ○○○○○○○○○○) 매각기일변경신청서 제출</td><td></td></tr>
<tr><td>2018.08.20</td><td>압류권자 금○○○○ 교부청구서 제출</td><td></td></tr>
<tr><td>2018.09.13</td><td>최고가매수신고인 부동산소유권이전등기촉탁신청서 제출</td><td></td></tr>
<tr><td>2018.09.17</td><td>법원 동○○○ ○○○ ○○○ 등기필증 제출</td><td></td></tr>
</table>

에도 담보가등기다. 이때도 채권계산서를 제출하니 같이 확인하면 된다. 참고로, (이러한 경우는 거의 없겠지만) 가등기담보 등에 관한 법률이 1983년 12월 30일에 제정되어 1984년부터 시행됐기 때문에 1983년 이전에 설정된 선순위 가등기는 전부 보전가등기이므로 입찰하면 안 된다. 이러한 경우 문건 접수에서 채권계산서를 제출하지 않으니 판단하기는 어렵지 않을 것이다.

가등기가 선순위일 경우에는 이 부분만 확인하고 입찰하면 된다. 만약 처음 입찰해 두렵다면 가등기를 제외하고 근저당이나 가압류가 설정된 물건에만 입찰해도 충분하다(담보가등기가 말소기준권리로 나오는 경우가 많지 않다).

경매 개시 결정 기입등기도 많이 보이지 않는 말소기준권리 중 하나다. 임의 경매와 강제 경매를 통해 경매가 개시됐으니 주의하라는 내용을 등기부등본에 기재하는 것을 말한다. 등기부등본상 갑구에 기재가 되고 이 권리 또한 말소기준권리로 볼 수 있다.

마지막으로 선순위 전세권은 1가지 필수조건과 2가지 조건 중 1가지가 만족되어야 한다. 필수조건으로는 건물 전체에 전세권이 설정되어 있어야 한다. 아파트와 같은 공동주택이나 다세대주택은 여러 세대가 있고 호수별로 한 세대로 보기 때문에 전세권을 등록하는데 문제가 없다. 하지만 다가구주택, 근린주택 등은 호수가 여러 개있어도 한 세대로 본다. 그래서 한 호수에 전세권을 설정할 수 없고 건물 전체에 설정된 전세권만 인정이 된다.

2가지 조건 중 하나는 전세권자가 배당을 신청했을 경우다. 전세권에 설정된 보증금을 받기 위해 직접 경매를 신청하는 경우인데 말소기준권리로 보고 낙찰되면 소멸한다. 다른 하나는 전세권자가 배당 요구를 한 경우다. 전세권자가 본인의 채권이 있으니 배당받겠다고 신청한 경우인데 이때도 말소기준권리가 된다.

지금까지 말한 내용만 숙지하면 물건 대부분에 입찰할 수 있다. 선순위 전세권을 제외한 6가지 권리만 있는 물건이 80% 이상이다. 특히 빌라, 아파트 같은 경우 거의 대부분 6가지 권리만 있어서 안전하다. 선순위 전세권이라고 해도 경매에서 5%도 채 되지 않는다(시기별로 약간씩의 차이는 있다).

등기부등본에 앞에서 말한 권리들만 나와 있다면 등기부등본상에서 낙찰자가 인수할 권리는 없다. 나머지 후순위 권리들은 낙찰 후전부 사라지기 때문이다.

뒤에 나오는 6장에서는 입찰하면 안 되는 권리들을 설명하려고 한다. 이 권리들을 구별해 입찰한다면 권리 분석으로 인해 보증금을 포기하는 일은 없을 것이다. 기초가 튼튼해야 무너지지 않는다.

선순위 전세권이 말소기준권리가 되면 원칙적으로는 낙찰받은 후에 소멸한다. 하지만 전세권이 말소되지 않고 인수되는 경우가 있다. 전세권자가 선순위 임차인일 때다. 임차인이 전세권이라는 권리 외 다른 권리보다 앞서 전입신고를 했다면 전세권으로 받지 못한 금액을 낙찰자가 인수해야 한다. 예를 들어 설명하면 다음과 같다.

전세권 1억	임차인	근저당 1억 원	압류
20년 1월 5일	20년 1월 10일	20년 1월 15일	20년 7월 30일

이처럼 임차인이 근저당, 압류보다 빠르면 전세권에서 받지 못한 금액은 낙찰자가 인수한다. 8,000만 원에 낙찰을 받았다고 해서 전세권이 없어지더라도 임차인으로서의 권리를 인정해주기 때문에 2,000만 원을 인수해야 한다 (대법 2010.07.26. 자 2010마900결정).

2 2단계: 낙찰을 위한 준비_ 손품 및 발품

　권리 분석에 대해 알았다면 이제 실제 물건들을 보면서 파악하는 방법을 알아야 한다. 실제 물건들을 보면서 권리 분석을 해본 다음, 경매 사이트에서 분석한 것과 비교해보고, 내가 알고 있던 내용과 다르거나 궁금한 부분이 있으면 멘토, 또는 경매 관련 온라인 카페에 질의를 하면서 알아가야 한다.

　그렇다면 경매 물건은 어디서 볼 수 있을까? 가장 기본은 법원경매정보(www.courtauction.go.kr)다. 모든 경매 관련 유료 사이트도 이곳에서 나온 정보를 바탕으로 제작되며 법원에서 직접 관리하고 있어서 다른 그 어떤 경매 사이트보다 정확하다.

　경매를 자주 하는 사람들은 대부분 유료 경매 사이트를 이용한다.

정보를 볼 때 가독성이 좋고 빠른 권리 분석이 가능하며 등기부등본을 볼 수 있다는 등의 여러 가지 편리한 부분이 많아서 빠른 시간에 많은 물건을 볼 수 있다. 경매를 오래 하거나 유튜브에서 경매로 유명한 전문가들 역시 모두 유료 경매 사이트를 이용한다. 그만큼 이용이 편리한 것이다.

그렇다면 처음 경매를 시작하는 초보자가 바로 1년 회비가 100만 원 이상인 유료 사이트를 이용해야 할까? 그렇게 할 수도 있지만 꼭 그런 방법만 있는 것은 아니다. 앞으로 계속할지, 안 할지도 모르는 상황에서, 혹은 내 집 마련만 하고 싶은 사람들이 굳이 그 금액을 내면서 할 필요는 없다고 본다.

유료 경매 사이트 저렴하게 이용하는 방법

필자는 처음 경매를 시작할 때에는 무료 경매 사이트를 이용했다. 새해를 맞아 운동한다고 1년 치 헬스장을 끊었는데 처음 얼마 동안 가다가 가지 않는 경우가 있다. 대부분 그럴 것이다. 필자도 그렇다. 그래서 할지, 하지 않을지 확실하지 않은 상황에서 100만 원이나 들이지 않고 유료 경매 사이트를 좀 더 저렴하게 이용할 수 있는 방법이 없을까 생각해봤다.

찾아보니 방법은 있었다. 탈잉 같은 원데이 클래스 등 유료 사이트에 들어가 보면 일주일~한 달 동안 이용할 수 있는 이용권을 주는 강의가 있으니 참고한다. 또는 두인경매, 체스터옥션 등 무료 경매 사이트도 있다. 초반에는 이런 사이트를 중심으로 무료로 이용하다가 감이 좀 잡히면 유료 경매 사이트를 한 달씩 사용해보면서 자신에게 맞는 사이트를 선택해 1년 회비를 내는 것이 좋다. 이렇게 하면 초기에 비싼 돈 을 내지 않고도 경매 사이트를 이용해 빠르게 물건을 찾아보면서 입찰할 물건을 정할 수 있다.

입찰 전 대출 한도 알아보기

좋은 물건을 낙찰받고도 대출이 나오지 않아 대금을 미납하는 경우가 생각보다 자주 있다. 내가 투입 가능한 자본을 파악하고 대출 상담사들을 통해 미리 어느 정도의 대출이 나오는지 파악해야 한다. 신용 등급이 낮거나 직장인이 아니라면 간혹 아파트에 입찰할 때 DTI(총부채상환비율)에 걸려 70%, 60%가 나온다고 단정 지을 수 없기 때문이다.

처음 시작하는 초보자라면 어디서 경락자금 대출(경매 대출)을 해주는 곳을 알 수 있을까? 은행 대부분은 경락자금 대출을 취급하지 않는다. 하더라도 은행 지점마다 다를 수 있다. 같은 상호의 은행이라도 지점에 따라 다르기 때문이다. 앞에서 잠깐 언급한 네이버에 검색하는 방법 말고 카카오톡의 오픈 채팅에서 '경매'를 치면 나오는 방들에 경매 대출모집인들의 전화번호를 물어보는 방법도 있다. 경매를 위한 대출을 취급하는 사이트가 있는데 전국 물건을 다 취급하므로 문의해보는 것도 좋다.

필자는 직장생활을 하고 있었으며 신용 등급도 나쁘지 않아서 경락자금 대출을 받는 데 큰 무리가 없었다. 그런데 현장에서는 생각보다 대출이 막혀 보증금을 포기하는 사람을 종종 보게 된다. 권리 분석을 제대로 하고 좋은 물건을 낙찰받았는데 대출이 막히면 무척 억울한 일이 아닐 수 없으니 입찰 전에, 특히 처음 입찰할 때에는 대출 유무를 꼭 확인해야 한다.

권리 분석도 하고 매각물건명세서, 현황조사서, 인터넷에서의 부동산 시세 파악 등의 손품 조사가 끝났다면 이제는 임장(발품)을 하러 가야 한다.

손품 조사가 끝난 후에 임장을 위한 현장으로 나가야 괜히 왔다 갔다 하는 일이 발생하지 않는다. 현장에 가봤더니 문제가 있는 부동산이었다든지 하면 시간만 허비한 상황이 된다. 이런 상황을 예비하기 위해 손품 조사 후에 임장을 하는 것이 좋다.

아파트의 경우 구조가 어떤지 네이버 부동산 등에서 1분도 안 되어 확인할 수 있다. 하지만 빌라는 아파트와 다르다. 주변 빌라와 내부 구조가 다르고 들어가는 위치나 이동 경로도 다르고 약간의 거리 차이로 언덕일 수도 있으며 연식도 다르다. 이처럼 빌라는 구조와 환경을 확인할 방법이 적어서 빌라 경매는 하지 않는 사람도 많다.

여기 빌라 C와 바로 옆에 빌라 D가 있다. 빌라 C는 길목 바로 옆에 있어 차량의 이동이 용이하고 도보로 쉽게 나갈 수 있다. 빌라 D 는 길목 안쪽에 있는데 들어가는 길목이 1.5미터밖에 안 된다. 이사 할 때 짐을 실은 트럭이 들어가기 힘들고 주차도 빌라 1층이 아니라 주변에 해야 한다. 그렇다면 빌라 D의 선호도는 빌라 C보다 낮을 수 밖에 없다.

이처럼 바로 옆에 있다고 해도 빌라는 동일한 가격으로 형성되지 않는다. 사소하지만 사소하지 않은 차이로 빌라 가격이 크게 차이가 나기 때문에 모든 물건이 그렇지만 빌라는 반드시 임장을 통해 주변 환경과 빌라 안의 상태를 확인해야 한다.

이러한 부분을 놓치면 우선 입찰 전에 예상했던 빌라 수익률에 커 다란 영향을 미치게 된다. 입찰 보증금을 포기할 수도 있다. 따라서 빌라의 경우 낙찰받은 이후 매도를 할 때 원하는 수익을 내기 위해 서는 임장을 통해 내부 및 외부와 관련해 되도록 많이 파악하고 있

어야 한다. 이제부터 필자의 임장 노하우를 독자 여러분과 공유하려
고 한다.

임장 시 외부에서 꼭 확인해야 하는 5가지

우선 경매에서는 내부는 거의 볼 수 없다. 상황에 따라 전액 임차
인이나 임차인이 자신의 전세보증금을 받기 위해 경매를 신청한 경
우에는 볼 수 있다. 임차인이 나가고 싶어 해서 적극적이다. 따라서
이런 경우에는 내부를 확인하기 위해 방문하는 것이 좋은 방법이 될
수 있다. 그렇게 내부를 봤는데 깨끗한 상태라면 내부를 보지 않은
다른 입찰자보다 입찰금액에서 우위에 있을 수밖에 없다.

하지만 대부분 내부 상태는 보지 못한다. 그렇다고 전혀 방법이 없
는 것은 아니다. 사실 투자자라면 최대한 해당 물건 주변에서 많은
정보를 찾아야 한다. 그중에 필자가 임장을 다니며 신경 써서 보는
부분에 대해 시간의 흐름대로, 외부에서 내부로 하나씩 짚어보고자
한다.

하나, 앞에서 사례로 든 것처럼 외부에서 들어오면서 입구가 길과
바로 연결되어 있는지, 들어오기 힘든 곳인지 확인한다.

둘, 경매에 나온 건물에 있는 주차장 자리를 세어본다. 아파트는
인터넷에 나와 있는 그대로 주차장이 있다고 생각하면 된다. 하지만
오래된 아파트나 빌라는 실제 주차 대수와 온라인에 나온 주차 대수

간에 차이가 있을 수 있다. 일부 부동산 앱에서 주차가 몇 대 가능한지 알 수 있는 빌라가 있기는 한데 실제 현장에서 보면 주차할 공간이 없다든지, 길 안쪽에 주차해야 하는 등 감점이 발생하는 경우가 많다. 물론 1세대당 1대를 주차할 수 없다고 온라인에 나와 있는데 현장에 가보니 세대당 1대까지 가능한 경우도 있다. 주차장도 아주 중요한 요소이며 주차를 할 수 있는 빌라와 없는 빌라 간의 가격 차이는 매우 크다. 따라서 주차 대수를 꼭 확인한다.

셋, 외부 창문의 상태에 따라서도 내부 상태 파악이 가능하다. 보통 예전에 지어진 빌라는 알루미늄 재질의 새시를 많이 쓰는데 PVC라는 하이 새시(흰색)로 된 경우도 있다. 최근에 지어진 아파트 창틀을 생각하면 된다. 오래된 빌라인데도 창문이 하이 새시로 되어있다면 내부는 전부 수리했다고 봐도 무방하다. 보통 새시보다 실생활에 더 밀접한 화장실, 싱크대 등을 먼저 수리한다.

새시 비용은 인테리어 공사 중에서 가장 큰 비중을 차지하고 있다. 인테리어 공사 내용에 따라 다르지만 전체 비용의 30~50% 정도를 차지해서 내부 인테리어 공사는 전부 해도 새시는 교체하지 않는 경우가 많다. 그러므로 새시까지 교체했다면 내부 상태는 깨끗하다고 보면 된다. 필자는 그런 빌라라면 입찰금액을 더 높게 쓴다.

넷, 외부 벽 상태를 확인한다. 평소 관리가 잘 되어있지 않다면 벽에 금이 있는 경우가 많다. 그 틈으로 비가 스며들어 벽에 누수를 발생시킬 수 있다.

경매로 나온 층의 위층, 옆층, 아래층도 확인한다. 특히 위층보다는 옆층이나 아래층이 누수를 확인할 때 유용하다. 만약 지하에 있는 집에 입찰한다면 침수가 잘 되는지, 비의 영향은 없는지도 확인한다. 보통 옆집이나 1층에 문의를 해본다. 누수가 있다거나 비에 영향을 많이 받는다고 한다면 입찰을 포기하거나 더 낮은 금액에 입찰해야 한다. 누수 관련 공사 비용은 꽤 많이 든다.

필자는 새시, 보일러 등을 제외한 공사 관련 비용은 이후 양도소득세 계산할 때 필요경비로 인정되지 않아서 수리의 필요성이 있다면 입찰할 때 신중에 신중을 기한다.

다섯, 빌라의 향과 일조권 등 여부를 확인한다. 아파트는 현장에 가지 않아도 향이나 일조권, 앞의 조망이 어떠한지 대략 알 수 있다. 하지만 빌라는 앞 또는 뒤의 빌라 간 간격이 좁은 경우가 있어서 현장에서 반드시 확인해야 한다. 베란다 창문으로 볼 때 앞집 뒤가 너무 가깝다거나 옆집 벽이 보이는 것보다 조망이 트여있는 것이 훨씬 살기 쾌적하고 좋다. 빌라는 인터넷으로 확인이 되지 않으므로 임장할 때 신경 써서 앞의 조망이 어떤지 확인한다.

참고로, 아파트와 달리 빌라는 도시가스를 밖에서 확인할 수 있는데 도시가스가 잠겨있는 경우가 간혹 있다. 집에 살고 있지 않는다는 강력한 증거가 될 수 있으니 참고한다.

임장 시 내부에서 꼭 확인해야 하는 4가지

외부에서 전부 확인했다면 이제 내부로 들어가서 확인해야 한다.

하나, 우편함을 확인한다. 내부로 들어가기에 앞서 입구나 대문 옆에 우편함이 있다. 우편함에 우편물이 많다면 임차인이나 소유자가 살고 있지 않다는 증거가 된다. 도시가스까지 잠겨있다면 현재는 사람이 없다고 봐도 무방하다. 이웃에게 물어서 확인에 방점을 찍을 수 있다. 우편물을 통해 실제 거주자가 법원 서류상, 또는 전입세대 열람 내역에서 확인한 임차인인지, 소유자인지 아니면 확인하지 못한 제3자인지 확인한다. 필자는 이름을 따로 적어둔다(추후 인도 명령 신청 시 점유자의 이름이 필요하기 때문에 혹시나 해서 적어놓는다).

그다음, 주변을 보면서 관리가 어떤지 확인한다. 관리를 어느 정도 하는 빌라와 그렇지 않은 빌라 간에는 노후도에서 큰 차이가 난다. 보통 아파트라면 당연히 경비실에서 관리하지만 빌라 대부분에는 경비실이 따로 없다. 그 대신 해당 빌라 전체 관리를 자처하는 반장이나 총무가 있을 것이다. 그분을 찾아가서 관리는 어떻게 되고 있는지 등을 물어볼 수 있다. 필자는 반장이나 총무에게 경매로 나온 빌라의 내부 상태에 대해 아는 게 있는지, 누수는 발생하는지, 누수가 있다면 다른 층에 피해를 주는지, 임차인이나 소유자의 성격은 어떤지 등을 물으면서 정보를 많이 얻는다. 이러한 정보는 입찰금액을 정하는 데 일종의 고급 정보가 된다.

둘, 경매에 나온 물건의 내부 상태를 옆 또는 밑에 있는 집에 물어본다. 오가며 해당 물건의 임차인이나 소유자와 자주 마주쳤을 가능성이 높고 내부에 들어가 봤을 수도 있다. 사실 사는 동안 적어도 한 번은 마주칠 수밖에 없다. 그 이웃들에게 경매 나온 물건지에 사는 사람은 어떠한 성향인지, 지금 어떠한 상태인지, 집에 누수가 있었는지, 누전은 없었는지, 밑 집에 물은 새지 않았는지, 잦은 마찰이 있었는지 등의 많은 정보를 얻을 수 있다.

필자는 이웃들, 특히 옆집에 경매 나온 물건의 내부 상태, 베란다 쪽에 물이 새고 있는지, 현재 소유자가 이사 준비 중인지, 임차인이 있다면 어떤 상황인지, 자식 여부, 성향은 어떠한지, 최근에 집을 내놨는지, 전세를 내놓으려고 수리를 했는지 등을 물어보면서 많은 정보를 얻는다. 이웃이라고 해도 필자 같은 경매 투자자는 낯선 사람일 수 있지만 생각보다 적대적이지 않다. 조금만 용기를 내면 초보자에게도 어렵지 않다.

셋, 해당 물건지의 옥상으로 올라가 본다. 옥상에 방수 페인트가 칠해져 있는지, 벽이 갈라져 있고 관리가 잘 된 것 같지 않은지 확인한다. 녹색 페인트나 회색의 우레탄 방수 페인트가 칠해져 있다면 방수가 잘 되고 있을 가능성이 높다. 이는 특히 탑층의 빌라를 볼 때 유용하다.

가끔 빌라 옥상 문이 잠겨있기도 한데 옥상이 보이는 주변의 다른 빌라에 올라가서 경매에 나온 빌라를 보면 확인이 가능하다.

필자는 가장 위층에 있는 물건이라면 옥상을 무조건 확인한다. 방수 페인트 공사는 생각보다 돈이 많이 든다. 자신이 하지 않는 이상 수백만 원 이상의 비용이 발생한다. 모든 세대에게 돈을 걷어 진행하면 좋지만 돈을 내지 않는 세대가 있을 수 있다. 모든 세대에 이야기하고 돈 걷는 것부터 시간이 많이 걸린다. 그래서 탑층인데 옥상을 확인할 수 없다면 입찰을 하지 않거나 무척 보수적으로 한다. 특히 지은 지 오래된 아파트나 빌라일수록 더하다.

넷, 지하층에 입찰하는 경우 침수 여부는 반드시 확인한다. 여름에 방문한다면 지하로 가는 계단을 통해 쉽게 확인할 수 있다. 계단 주변에 모래가 있는지 보고 옆집 또는 윗집에 물어본다. 지하층 물건 옆집이라면 같은 상황을 겪고 있을 확률이 높으므로 꼭 확인한다. 잦은 침수가 확인된다면 되도록 입찰하지 않는 것이 좋다. 시간이

"
빌라의 좌우 호수가 바뀌었는지를 확인해야 한다. 앞에서 말했듯이 빌라 내부 구조를 알기 어렵다. 그래서 감정평가서에 나와 있는 내용으로만 입찰을 해야 하는데 내부 구조도가 제대로 나와 있지 않은 경우도 많다.
해당 빌라에 임장을 간다고 해도 내부를 보기 어렵고 외관으로만 파악하고 입찰하는 경우가 많은데 낙찰받아 최고가 매수 신고인이 되면 건축물현황도를 발급받을 수 있다. 건축물대장과는 엄연히 다른 서류다.
낙찰을 받아야지만 발급받을 수 있는 건축물현황도에서 좌우 호수가 바뀌었는지 확인해야 한다. 만약 바뀌었다면 바로 법원에 매각 불허가 신청을 해야 한다. 좌우 호수로 인한 불허가는 100% 받아주며 보증금을 돌려받을 수 있다.
"

지날수록 문제가 계속 발생해서 매도나 임대할 때 힘들 수 있다.

추가로 내부 상태를 간접적으로 확인하는 방법이 하나 있다. 임장 전에 주변 시세나 전세 또는 월세 가격을 확인하는데 해당 물건에 임차인이 살고 있다면 임대차 계약을 맺은 시점의 전세 또는 월세 가격을 파악해본다. 그 당시 전세 또는 월세 시세보다 높은 금액으로 임차인이 거주하고 있다면 인테리어가 어느 정도 됐다고 생각할 수 있다. 그렇게 추측을 해보고 실제 임장하면서 내 추측이 맞는지 확인해보는 것도 경매의 또 다른 재미라고 할 수 있다.

*

지금까지 설명한 내용은 대부분 빌라에 해당한다. 아파트를 원하는 독자 여러분도 많을 것이다. 아파트 임장도 그리 생각보다 어렵지 않은데 6장에서 자세히 다루도록 하겠다.

이러한 경매 물건의 상태 파악은 선택이 아니라 필수다. 독자 여러분도 충분히 이해할 것이다. 아파트보다 더 봐야 할 것이 많아서 빌라는 피하는 사람이 많지만 바꿔 말하면 그래서 더 기회가 있다고 할 수 있다.

처음에는 망설이고 고민하는 시간도 많을 것이다. 임장할 때 순서를 정하지 않는 바람에 보고 또 보고 하면서 시간을 더 소요할 수도 있다. 하지만 거듭해서 하다 보면 나만의 임장 과정이 생긴다고 확신한다. 나만의 임장 과정을 프로세스화하면 시간도 단축되고 효율적으로 많은 정보를 얻을 수 있다. 임장을 통해 얻은 정보가 곧 낙찰과 직결되며 이는 좋은 수익으로 이어진다. 이러한 방식으로 한 물건씩 조사해나가면 된다. 이제 낙찰을 위한 준비가 끝났다. 좋은 물건을 낙찰받을 일만 남았다.

3 3단계:
첫 도전 그리고 패찰,
두 번째 도전 후 낙찰

낙찰을 위한 모든 조사가 끝이 났다면 이제 입찰을 위한 준비를 해야 한다. 준비 서류는 개인인지, 대리인인지, 법인인지, 공동 입찰인지 등에 따라 다 다르다(각 상황에 따라 필요한 서류는 뒤에 정리해놨다). 입찰 가격에 대한 조사가 끝나고 서류를 다 준비했다면 법원에 가서 결과를 볼 일만 남았다.

<u>입찰 전, 법원에서 해야 할 것</u>

서류를 준비해 법원에 갔다면 경매 물건들의 변경내역을 확인할 수 있는 서류가 있으니 꼭 찾아서 본다. 간혹 당일 취하나 변경되는 경우도 있기 때문이다. 이 부분까지 확인하고 입찰하지 않는다면 괜히 시간만 더 낭비하게 된다. 창피함은 덤이다(물론 보증금봉투를 그대로 받아가기 때문에 금전적으로 손해 보는 것은 없다).

변경내역을 확인했다면 법대 앞쪽에 있는 컴퓨터에서 매각물건명세서, 감정평가서 등의 내용을 확인할 수 있다. 서류 제출 전에 다시 확인해보는 습관을 갖는 것이 좋다. 전부 확인하고 변경사항이 없다면 신분증을 준비해 입찰 서류를 제출하면 된다.

여기서 팁을 이야기하고자 한다. 입찰할 때 대봉투와 보증금봉투, 이렇게 2가지가 비치되어 있거나 직접 나눠준다. 이때 다음 입찰할 것까지 고려해 1~2장 정도씩만 더 챙겨 놓으면 다음에 입찰할 때는 집에서 미리 전부 작성할 수 있다.

입찰을 많이 해보지 않은 사람이라면 실제 법원에서 정신이 없을 것이다. 기본적인 서류를 첨부하지 못했거나 도장을 잘못 찍는 등의 실수를 여러 번 하게 된다. 그나마 이런 실수는 다행이라고 할 수 있다. 낙찰가에 0을 더 붙여 입찰하는 경우가 간혹 발생하는데 그럴 때면 필자가 다 안타깝다. 소중히 모아온 보증금을 한순간에 날리게 되기 때문이다.

필자는 보통 대봉투, 보증금봉투는 여유분으로 갖고 있다. 입찰 서류 중 입찰금액을 쓰는 서류인 기일입찰표는 '법원경매정보→경매지식→경매 서식' 순으로 클릭해 들어가서 다운받아 사용한다. 기일입찰표는 인터넷에서 출력하면 전국에서 사용할 수 있으므로 반드시 전날 저녁이나 당일 아침에 적어서 법원에 간다.

예전에는 낙찰에 영향을 주지 않는 작은 실수, 예를 들어 입찰일자를 쓰지 않는다든지, 보증금을 넣는 소봉투 뒤에 도장을 안 찍는다든지 등의 실수를 간혹 했다. 그러나 집에서 작성한 후부터 이런 실수를 더 이상 하지 않는다. 그러니 서류 여유분을 챙겨놨다가 입찰 전에 집에서 충분하게 시간을 두고 서류를 작성하자. 차분한 상태에서 서류를 써야 실수하지 않는다. 다른 서류가 없다면 최소한 기일입찰표만이라도 반드시 다 적은 상태에서 법원에 가는 것이 실수를 줄이는 노하우다.

서류를 법대에 제출하면 도장을 찍어 대봉투 일부를 주는데, 이를 '수취증'이라고 한다. 보증금과 같이 입찰했다는 증거이니 절대 잃어버리지 말고 간직하고 있어야 한다.

필자가 처음으로 입찰한 물건은 의정부에 있는 빌라였다. 그때는 입찰 전날부터 두근거려서 잠이 잘 오지 않았다. 머리에까지 두근거림이 전달되는 것 같았고 자고 일어났는데도 잠을 잤나 싶을 정도였던 것 같다. 휴가를 내서 입찰장에 갔고 현장에서 입찰 서류를 썼다. 입찰 서류를 쓰는 와중에도 계속 두근거렸다.

그렇게 첫 입찰의 결과는 패찰이었다. 그것도 19만 원 정도의 차이로 패찰했다. 그래서 더 아쉬웠던 것 같다. 주말에 현장 가서 보고, 시세 조사를 하고, 권리 분석을 하면서 필자가 투자했던 시간이 생각났다.

'최소 하루는 투자한 것 같은데, 이렇게 얼마나 입찰을 해야 낙찰받을 수 있을까?'

이러한 아쉬움이 남는 건 어쩔 수 없었다.

그래서 10번 정도 떨어지면 다들 '경매는 이미 끝났어' 하며 경매에 발을 떼는 듯싶었다. 직접 경험해보니 투자한 시간 대비 얻을 게 없다고 생각하면 충분히 그럴 수 있겠다는 생각이 든다. 여러 번 패찰을 맞본 투자자라면 충분히 알 수 있을 것이다.

패찰은 낙찰의 어머니

그렇다고 패찰의 쓴맛을 많이 본 투자자가 과연 시간만 낭비한 것일까? 장담컨대 그렇지 않다. 그 물건 혹은 그 지역의 시세, 임장하면서 봤던 그 지역의 분위기, 환경 등은 전부 내 지식으로 고스란히 쌓인다. 그러므로 초보자일수록 입찰을 위한 모든 과정은 앞으로 경매를 계속하기 위한 발판을 차곡차곡 쌓는 것이라고 생각하면 좋다. 실제로도 그렇다. 그런 경험은 독자 여러분의 경매력을 점차 키워줄 것이다.

필자도 수십 번을 떨어졌지만 그 과정이 경매를 더 안정적으로 하게 해주는 발판이라고 여기고 있다. 물론 아쉬운 물건도 아주 가끔 있지만 '필자의 물건이 아니구나'라고 생각한다. 그래도 그 물건을 조사하면서 얻은 지식은 오롯이 나(필자)의 것이다.

꾸준하게 경매를 하다 보면 필자처럼 경매 물건을 검색할 때 물건 주소, 감정가, 최저가만 봐도 투자에 좋은 지역인지 아닌지, 연식은 어떤지 등에 대한 감이 온다. 물건을 검색하는 속도가 점점 빨라진다는 것을 느끼게 된다. 효율적으로 물건을 검색할 수 있게 된다는 말이다. 또한, 경매 지식이 쌓이면 주변을 파악하는 눈이 달라진다. 주변에 호재가 있는지, 시장이 있는지, 역세권인지, 학교 등 인프라는 어떤지 등을 좀 더 디테일하게 알 수 있다. 빌라는 아파트보다 가격의 변동성이 크지 않아서 보게 되는 시기가 비슷하면 대략적인 시세까지 파악할 수 있다.

이렇게 업그레이드가 된 데에는 낙찰받은 물건뿐만 아니라 패찰한 물건을 조사하면서 얻게 된 지식의 영향이 크다. 조사하면서 얻은 경험들이 필자 머릿속과 파일에 담겨있어서 가능한 것이다. 패찰했다고 아무것도 남지 않는 것이 아니다. 설령 건질 것이 없었다고 해도 어두운 머릿속에 있는 부동산 지도에 흰색 점 하나하나가 쌓이고 있을 수 있다. 그 흰색 점이 많아지면 머릿속 부동산 지도를 환하게 만들어줄 것이다.

첫 패찰 후 재도전

두 번째 입찰은 의정부지방법원 고양지원에서 진행하는 물건이었다. 현장을 가보니 조용한 마을이었고 매매 거래도 많지 않았다. 외

관은 멀쩡했고 주차는 전 세대가 할 수 있는 정도였다. 단지 내부에 사람이 사는지 의심이 들었는데 우편물이 가득한 것을 보니 현재 사는 것으로 보이지는 않았다.

대략적인 파악을 마치고 근처 공인중개사사무소에 물어보고, 실거래가, 네이버 부동산 등을 통해 시세를 조사한 다음, 적정한 가격을 적어 입찰에 참여했다. 그 당시에는 입지에 대한 생각 없이 시세차익만 보고 있어 외진 곳이라고 해도 입찰했다(추후 설명하겠지만 여러 사유로 인해 요즘은 빌라 경매에 있어 입지를 상당히 중요하게 여긴다).

이번에도 권리 분석을 철저하게 하고 유료 경매 사이트에서 몇 번이나 확인하고 입찰했다. 솔직히 큰 기대는 하지 않았다. 최저가에서 약간만 높게 적은 금액이었기 때문에 2~3명만 입찰했다면 패찰한다고 봤다. 그렇게 큰 기대 없이 법원에 갔다. 그날도 역시 서류를 미리 준비해서 가지 않아 법원에서 부랴부랴 준비했다(몇 번이나 강조하는데 서류는 꼭 전날이나 당일 아침에 적는다).

입찰 마감 시간이 되고 경매 물건의 낙찰자가 1명씩 나오고 있었다. 그렇게 환희와 아쉬움의 현장 속에서 필자가 입찰한 물건의 차례가 됐다. 그 물건의 입찰자 수는 단 2명이었다. 필자를 제외하면 다른 1명만 입찰했다는 말이다. 그때부터 심장이 빠르게 뛰었던 것 같다. 그렇게 법대에서 낙찰자를 호명하는 순간, 심장이 쿵 하고 떨어진 것만 같았다. 필자 이름 석 자를 불렀다. 낙찰이었다. 두 번째 도전 만에 낙찰을 받았다. 사람들이 20번, 30번 입찰해서 1번 낙찰

소 재 지	경기 고양시 일산동구 사리현동 ~~~~~ (10260)경기 고양시 일산동구 성현로 ~~~~		
경 매 구 분	임의경매	채 권 자	우○○○	
용 도	다세대	채무/소유자	김○○	매 각 기 일	20.03.26 (95,066,000원)
감 정 가	133,000,000 (19.04.07)	청 구 액	91,514,130	종 국 결 과	20.04.29 배당종결
최 저 가	93,100,000 (70%)	토 지 면 적	59.7㎡ (18.1평)	경매개시일	19.03.15
입찰보증금	9,310,000 (10%)	건 물 면 적	54㎡ (16.2평)	배당종기일	19.06.13
조 회 수	·금일조회 1 (1) ·금회차공고후조회 31 (34) ·누적조회 200 (37) ·7일내 3일이상 열람자 4 ·14일내 6일이상 열람자 0		()는 5분이상 열람 **조회통계** (기준일·2020-02-26/전국연회원전용)

• 출처: 지지옥션

받는다고 하던데 필자는 2번 입찰로 낙찰을 받게 된 것이다. 그것도 필자 포함, 2명 중 다른 1명(법인)을 제치고 낙찰받게 됐다(그때는 몰랐는데 외진 곳의 물건은 낙찰받을 확률이 훨씬 높다).

2등보다 200만 원 정도를 더 써서 9,506만 원에 낙찰받았다. 필자 이름을 부르면서 낙찰자를 호명할 때 그 두근거림이란…, 지금까지도 그때 그 두근거림을 몸이 선명하게 기억하고 있다. 표정에는 변화가 없었지만 심장의 진동이 손끝과 발끝으로 전해져 왔다.

'아, 책에서 말하는 첫 낙찰이 이런 느낌이구나.'

책에서 표현하는 그 이상의 느낌이었다.

하지만 그때는 몰랐다. 그 두근거림이 다른 두근거림으로 바뀔 수 있다는 것을, 책에서 말하는 명도와 실제로 겪게 되는 명도 간에 얼마만큼의 차이가 있다는 것을 말이다.

이제부터 낙찰받은 후에 필자가 몸소 겪으며 진행했던 명도, 강제 집행의 과정을 자세히 공유해보려고 한다.

입찰 시 필요 서류

① 개인(본인)이 입찰하는 경우
- 기일·기간입찰표
- 신분증
- 일반 도장
- 보증금

② 개인(대리인)이 입찰하는 경우
- 기일·기간입찰표
- 대리인 신분증과 대리인 일반 도장
- 본인 인감증명서(매도용 아닌 일반용)
- 위임장(본인 인감도장 필수)
- 보증금

③ 법인(대표이사 본인)이 입찰하는 경우
- 기일·기간입찰표
- 대표이사 신분증과 대표이사 일반 도장
- 법인 등기부등본(열람용 아닌 발급용)
- 보증금

④ 법인(대리인)이 입찰하는 경우
- 기일·기간입찰표
- 대리인 신분증과 대리인 일반 도장
- 법인 등기부등본(열람용 아닌 발급용)
- 법인 인감증명서
- 위임장(법인 인감도장 필수)
- 보증금

⑤ 공동(모두 참석)으로 입찰하는 경우

- 기일·기간 입찰표
- 각 명의자의 신분증, 일반 도장
- 보증금
- 공동 입찰자 목록(지분 표시)
- 공동 입찰 신고서
- 입찰표, 공동 입찰자 목록, 공동 입찰 신고서 등 각 서류 사이에 간인 필수

⑥ 공동(일부 불참)으로 입찰하는 경우

- 기일·기간입찰표
- 인감증명서
- 입찰 대표자 도장 및 신분증
- 보증금
- 공동 입찰자 목록(지분 표시)
- 공동 입찰 신고서
- 입찰표, 공동 입찰자 목록, 공동 입찰 신고서 등 각 서류 사이에 간인 필수
- 위임장(불참자 인감도장 필수)

4 4단계: 소유자를 찾아라

처음 낙찰받은 물건은 명도할 때 강제 집행까지 진행해서 필자를 가장 고생하게 했다. 입찰하기 전부터 경매 공부를 할 때 강제 집행을 할 확률은 정말 손에 꼽힐 정도로 적다고 알고 있었다. 경매 강의에서도 같은 이야기를 많이 들어서 첫 물건부터 강제 집행을 진행할지는 전혀 예상하지 못했다. 하지만 어쩔 수 있나… 다 필자의 운인 것을….

어쩌면 당시 임장 때의 부족일 수도 있겠지만 그 당시에는 채무자가 모든 것을 포기하고 뭔가 해결하려는 의지도 없던 상황이라서 지금의 필자였어도 어쩔 수 있었을까 싶기는 하다.

소유자 찾아 삼만 리

낙찰받은 첫 물건이자 첫 강제 집행을 경험했던 사건을 시간순으로 정리해보고자 한다.

우선 낙찰받은 후 처음으로 한 일은 경매 사건 기록 열람이었다. 열람을 통해 채권자(개인)들의 연락처를 알 수 있었다. 채무자의 물건이 경매로 넘어가면 대부분 채권자가 있다. 채권자로는 은행이 많은데 간혹 개인이 돈을 빌려주고 근저당이나 가압류를 설정하기도 한다. 이번 물건에는 가압류를 걸었던 개인 채권자들이 있었다. 이 채권자들에게 채무자 겸 소유자의 번호를 알 수 있었다.

낙찰받은 지 3주 정도 지난 후에 잔금을 납부했다. 원래 2주 지나는 날에 매각 허가 결정에 대한 확정이 나고 이때부터 잔금 납부를 할 수 있다. 낙찰일로부터 14일 이후다. 그 후에 잔금 납부에 대한 통지서를 발송하는데 그 서류가 오기 전에도 납부할 수 있다. 법원 경매정보 사이트에서도 확인이 안 되는 경우가 있으니 해당 경매계에 낙찰일로부터 14일 후에 전화해서 오늘 납부하는 날인지 확인하는 것이 가장 정확하다. 지금은 바로 잔금을 납부하는데 처음 낙찰할 때는 1주일 정도 늦게 납부했었다. 납부할 때 바로 인도 명령 신청을 해뒀다(낙찰 전에 명도가 종료되지 않은 이상은 잔금 납부 시 무조건 인도 명령 신청을 같이 진행하면 좋다. 많은 금액이 들지도 않는다).

낙찰받은 지 3주가 지나서 잔금을 납부한 후에 명도 협의를 위해 낙찰 물건에 방문했다(처음이라 3주 이후에 했는데 지금은 낙찰받은 주의 주말에 명도 협의를 위해 방문한다). 그런데 내부가 아주 조용했다. 입찰 전에 방문했을 때도 우편함을 보고 사람이 살고 있지 않은 것 같다고 생각했으나 문을 두드리고 밖에서 보니 조용하기만 했다. 그래서 옆집 문을 두드려 봤다. 다행히 옆집에 거주하는 사람이 문을 열어 줬다(처음 임장 때는 집에 아무도 없었다). 낙찰받은 물건이 속한 빌라의 총무를 맡고 있다고 하면서 해당 물건에는 1년 반 넘게 사람이 사는 것 같지 않은데 예전에는 간혹 보였으나 최근 몇 달 동안은 한 번도 보지 못했고 어디서 사는지 잘 모르겠다고 했다. 채무자의 전화번호를 알고 있으니 연락을 해보겠다고 했는데 알고 봤더니 개인 채권자들이 알려줬던 채무자의 전화번호와 같았다. 역시나 연락은 되지 않았다.

그 후에도 지속적으로 채무자에게 연락을 해봤다. 전화와 문자를 몇 차례에 걸쳐 보냈으나 채무자는 묵묵부답이었다. 답답해서 속이 터질 것 같았다. 연락이라도 되어야 명도를 할 텐데 이건 뭐 답이 없어 보였다. 그래서 경매 사건 기록에서 확인했던 가압류를 걸어놓은 개인 채권자들에게 다른 연락수단이 있는지 다시 한번 전화해봤다. 역시나 같은 전화번호만 알고 있을 뿐 별다른 진척이 없었다.

며칠이 지나니 도저히 안 되겠다 싶었다. 결국 강제 집행을 진행하기로 했다. 이미 인도 명령을 신청해놔서 인도 명령 결정 정본을 채무자에게 송달 중이었으나 몇 달간 집을 비웠다고 하는 마당에 이제

4장 생애 처음으로 낙찰받다

와서 문서를 받을 리 없었다.

그렇게 몇 번의 부재 확인 후 공시 송달로 진행했다(그 당시에는 몰랐는데 집행관에게 해당 사정을 잘 얘기하고 조속한 진행을 요청하면 상황에 따라 들어준다고도 하니 적극적으로 요청할 필요가 있다. 밑져야 본전이다). 문서를 받지 않는다고 해서 계속 기다려주는 것이 아니다. 공시 송달까지 받지 않는다면 송달을 받은 것으로 간주하게 된다. 그 후에는 강제 집행 신청에 필요한 송달 증명원을 얻을 수 있다.

강제 집행에 필요한 서류들을 준비해 신청서를 작성했는데 이미 낙찰일로부터 2개월 반 정도 지난 후였다. 그때까지도 전혀 연락이 없어 예정대로 강제 집행 전 계고를 진행하기로 했다.

> 낙찰을 받았는데 개인 채권자가 있다면 사건 기록 열람에 채권자 번호가 적혀있을 것이다. 여기에 전화해서 채무자 전화번호를 받는 것이 좋다. 보통 법인, 은행은 개인 정보를 이유로 잘 알려주지 않는다. 하지만 개인 채무자가 있다면 해당 경매 진행 사항, 돌려받을 수 있는 채권 관련 대략적인 금액 등의 정보를 제공하면 채무자의 전화번호를 받을 수도 있으니 꼭 활용해보자.

첫 강제 집행

대망의 계고 날이 됐다. '계고'란, 강제 집행을 진행하기 전에 마지막 절차로 집 안에 물건이 어느 정도 있는지, 사람이 살고 있는지 등

158

을 확인하는 절차다. 법원에 따라 다르지만 1차와 2차 계고로 나뉜다. 1차 계고 때는 문에 강제 집행을 한다는 서류를 붙이고 2차 계고 때는 내부에 서류를 붙인다. 1차 계고 없이 바로 내부에 서류를 붙이는 법원도 있다. 필자는 현재 집주인이 살고 있지 않다는 점을 강조해 바로 내부를 열고 계고를 할 수 있었다.

강제 집행을 신청한 지 7일 만에 계고일자가 잡혔다. 증인 2명에 열쇠공을 따로 불러 진행했다.

문을 열고 안을 본 순간… 충격적이었다. 바닥이 보이는 공간보다 쓰레기와 짐이 차지하는 공간이 훨씬 많았다. 게다가 짐은 얼마나 높게 쌓여있는지 같이 왔던 집행관도 해당 평수에서는 보기 힘든 정도의 양이라고 했다. 추후에 강제 집행을 할 때 알게 됐지만 16평 정도 되는 공간에 나온 짐이 11톤이었다. 또한, 강제 집행 인력도 일반 평수에 비해 1.5~2배는 더 불러야 했다. 낙찰금액을 잘 적었기에 모든 비용이 든다 한들 손해는 아니나 예상치 못한 금액이 계속해서 나가게 되니 정신이 어질어질했다. 그렇게 짧고도 길었던 계고가 끝이 났다.

한 달 정도 후로 강제 집행일자가 잡혔다. 그때까지 채무자에게 연락을 시도했으나 연락이 전혀 되지 않아 필자의 마음을 애태웠다. '연락이 안 되면 저 많은 비용이 다 발생할 텐데…'라는 생각이 떠나질 않았다.

전화만 수십 번 했던 것 같다. 문자도 보냈으나 연락이 전혀 되지 않았다. 컬러링이 나오는 것으로 봐서는 분명 사용하는 번호로 생각했지만 진도가 더 이상 나가지 않았다. 결국 강제 집행을 진행했다. 앞에서 말했던 것처럼 어마어마한 짐의 양 때문에 16명의 노무자와 3시간 반이라는 시간이 걸렸다. 이렇게 오래 걸린 적은 정말 오랜만이라는 말까지 들었다. 그렇게 강제 집행이 종료됐다. 하지만 필사에게는 끝이 아니었다.

강제 집행으로 점유하고 있던 사람의 짐을 빼낸 다음, 예약했던 물류회사에 짐을 맡겼다. 그런데 냉장고 안 음식이나 집 안에 있는 식료품까지 보관하지는 않는다(참고로 폐기물업체는 음식물까지 포함해 집 안 모든 짐을 처리해준다). 음식물 처리는 오롯이 필자의 몫이었다. 물론 보통의 집이라면 금방 치웠을 것이다. 하지만 최소 몇 개월 이상 방치되어 있었고 짐을 쌓아놓은 사람인 만큼 음식물도 많았다. 음식물 양이 이사할 때 사용하는 커다란 플라스틱 박스로 8개나 됐다.

음식물 쓰레기 봉투에 잘 들어가지 않는 덩어리 큰 음식물도 있었다. 부피를 줄여서 음식물 쓰레기 봉투에 넣고 분리 수거가 가능한 것은 분리하는 작업을 몇 시간 동안 했다. 심한 악취와 음식물로 가득 차 무거워진 박스를 옮기면서 이게 필자가 가야 할 길이 맞는지, 이렇게 많은 스트레스를 받으며 해야 할 일인지에 대한 고민을 많이 한 것 같다.

밤 11시 가까이 돼서야 집에 돌아갔다. 온몸이 아팠다. 그날은 그해의 가장 긴 하루였다.

강제 집행이 끝이 아니었다

강제 집행 당시만 해도 낙찰받은 물건이 있는 빌라에 지하가 있다고는 전혀 예상하지 못했다. 지금은 그럴 일이 없겠지만 처음이라 더욱 그랬던 것 같다. 지하에 호수마다 따로 사용할 수 있는 개별 공간이 있었다. 생각보다 큰 3~4평 되는 공간이었는데 오랫동안 열지 않은 것처럼 보였고 문은 잠겨 있었다. 문제는 강제 집행 당시에 이 공간의 짐을 가져가지 않았다는 것이다. 나중에 알게 된 것이었다. 정말 큰 문제였다. 이 짐을 어떻게 해야 할지….

우선 해야 할 것부터 생각하기로 했다. 강제 집행을 마친 후에 인도받았으나 끝난 것이 아니었다. 보관하고 있는 짐을 전부 폐기해야 모든 일정이 마무리된다. 3개월 치의 보관 비용만 납부했으나 일 처리가 길어지면 계속 보관 비용을 납부해야 한다. 물건이 정말 많아서 컨테이너 3개를 빌렸고 매달 보관비로 60만 원이 나갔다. 처리하기 위해서는 유체동산 경매 신청을 해 경매로 팔아야 하는데 보통 쓸모 있는 물건이 많이 없어 낙찰자가 저렴한 가격에 낙찰받은 후 처분까지 해야 한다. 계고, 강제 집행을 할 때 쓸모 있는 물건은 하나도 보이지 않았다. 아마 필자가 저렴한 가격에 낙찰을 받고 폐기물 업체를 불러 처분해야 할 것으로 보였다. 그러면 100~200만 원 정도 되는 비용이 추가로 발생하게 될 것이다.

그렇다고 유체동산 경매 신청을 하지 않는다면 계속해서 보관비가 나간다. 물론 기존 소유자에게 청구할 수 있으나 실무상 그렇게 받아내는 경우는 거의 없다. 자금이 없으니 경매까지 넘어온 것일 테니 말이다.

결과적으로 유체동산 경매 신청을 해야 하는데 법원마다 요구하는 서류가 다 다르다. 필자가 낙찰받은 법원의 경우 채무자 겸 전 소유자의 주민등록초본상의 최종 주소지로 내용증명을 2통 보내야 했다. 유체동산 경매 신청 전에 채무자의 초본을 떼어봤다. 채무자가 낙찰받은 주소지 그대로 되어 있었다. 아마 자금이 없어 다른 곳으로 전입을 못 갔겠거니 싶었다.

법원에서는 이제 필자가 사용하고 수익을 내고 있는 집인데도 내용증명을 필자 집으로 보내야 한다고 했다. 참, 일 처리가 꽉 막혀있는 곳이 이런 곳이구나 싶었다. 필자가 살고 있는데 어찌 채무자가 서류를 받을 수 있을까? 그렇게 필자 집에 채무자 내용증명을 2번이나 보냈다. 당연히 받을 리가 없다.

게다가 채무자의 초본 주소가 변경되지 않아 해당 물건지에 있는 동사무소에 방문했다. 서류를 보여주며 주민등록 말소 신청을 진행하게 됐다. 정말 해도 해도 끝이 없는 절차였다. 하지만 어쩌겠는가? 이미 진행한 물건을 포기할 수도 없는 노릇이었다. 진행하다 보니 그냥 절차에 따라 등 떠밀려 가는 듯싶었다.

그렇게 등 떠밀려 진행한 일이 드디어 막바지에 이르렀다. 유체동산 경매 신청을 했으니 짐을 전부 처리만 하면 된다. 11톤의 양이라

처리하는 데 적지 않은 비용이 들어서 계속 채무자에게 연락하고 있었다.

드디어 채무자와 연락이 닿았다

그러던 와중에 정성이 닿았는지 간신히 연락이 연결됐다. 10년 묵은 체증이 쑥 내려간 것 같았다. 애타게 기다리던 채무자와 드디어 협상할 수 있게 된 것이다.

그렇게 간신히 연락이 닿은 채무자는 아무렇게나 되라는 식으로 지금까지 정신이 나간 상태로 있다가 그래도 이건 아니다 싶어 정신을 차리고 연락했다고 했다. 필자는 지금까지의 경매 진행 상황에 대해 자세히 설명한 다음, 강제 집행 비용도 받지 않고 보관 비용도 3개월 치까지는 줄 테니 그 전에 짐만 가져가 달라고 부탁했다. 또한, 지금은 살 집이 없어도 나중에 집을 구하면 집안 용품이 필요할 텐데 그때 기존에 쓰던 물건을 쓰면 비용도 줄어들면 좋을 것이라는 말도 했다. 필자의 부탁과 제안을 들은 채무자는 짐을 전부 가져가겠다고 했다. 필자는 물품 처리 비용이 들지 않아 좋고 채무자는 나중에 물품을 또 사지 않아도 좋으니 서로에게 좋은 일이었다.

채무자가 나타났으니 지하 공간에 있는 짐도 해결할 수 있는 기회였다. 채무자에게 전부 가져가라고 했으나 끝내 가져가지 않았다. 해당 짐은 채무자에게 있어 살 때부터 필요가 없던 물건이었던 것 같

4장 생애 처음으로 낙찰받다

았다. 그 당시에는 우선 짐을 처분해도 좋다는 확인과 녹취만 받은 것만으로도 다행이었다.

지하 공간의 짐은 대부분 옷이어서 중고상을 하는 지인의 도움을 받아 하루 날 잡고 치웠다. 치우면서 힘은 들었지만 음식물을 치울 때와는 달랐다. 이제는 정말 끝이라는 생각이 들었기에 마음은 더없이 가벼웠다.

*

그렇게 첫 낙찰 물건의 명도가 완전히 끝났다. 체감상 필자에게는 기나긴 여정이었으나 실제로는 6개월이 채 걸리지 않았다. 아마 유체동산 진행까지 했다면 6개월 정도 걸렸을지 모른다. 사실 낙찰받은 후 여러 문제가 발생해도 6개월 이상은 잘 넘지 않는다. 아마 필자가 그 당시로 돌아갔다면 1~2개월은 더 줄일 수 있었을 것이다.

당시에는 너무도 길었지만 지나고 보면 정말 오랜 시간이 지난 것은 아니었다. 한 건 낙찰받은 것치고는 많은 경험을 했다. 당시에는 정말 애를 태웠으나 이러한 경험으로 인해 추후 명도는 크게 어렵지 않게 느껴졌다.

한 걸음 앞에 있는 돌은 당시에는 거대한 장애물이다. 그런데 그 돌을 넘고 계속 걷다 보면 그 돌은 작은 점이 되어 있다.

164

5 5단계:
낙찰 후 수익률

　명도라는 큰 산을 넘었으니 이제 수익을 볼 일만 남았다. 하지만 그전에 집의 상태를 보고 수리할 곳이 있으면 수리해야 한다.

　강제 집행 후 집 안에서 온갖 지독한 냄새가 났다. 음식물을 처리하는 시간 동안 집안 곳곳에 냄새가 밴 듯싶었다. 다행히 낙찰받은 빌라가 2021년 기준으로 준공된 지 8년 정도밖에 되지 않아서 딱히 수리할 부분은 없었다.

　청소만 하면 된다고 결론 내렸다. 청소업체를 정할 때는 네이버 검색창에 '청소업체'라고 치고 검색하면 다양한 업체가 나오는데 대부분 가격도 합리적인 편이다. 또 다른 방법으로는 네이버 지도에서 청소하려는 물건지를 검색한 후에 다시 '청소'라고 치면 물건지 주변에 있는 청소업체들이 나온다. 이때 나오는 업체들은 물건지 주변에 있다 보니 날짜가 급하더라도 맞춰주는 경우가 많다. 당시 필자도 이 방법으로 청소업체를 찾았는데 다음 날에 진행이 가능했다.

청소 비용은 원래 평당 1만 1,000~1만 4,000원 사이로 진행하는 데 너무 심한 악취로 인해 좀 더 주기로 했다. 청소를 해도 악취가 잘 빠지지 않았으나 일주일 넘게 환기하고 방향제를 뿌리고 화장실 환풍기를 돌렸더니 간신히 냄새 문제가 해결됐다.

청소를 마쳤으니 이제 공인중개사를 통해 물건을 올릴 차례다. 이를 위해 청소업체 사람들에게 청소한 후 사진을 되도록 꼼꼼히 찍어 달라고 요청했다. 그렇게 받은 사진을 그대로 공인중개사에게 전달했다.

매물 올리는 팁

물건을 내놓을 때도 팁이 있다. 물건을 공인중개사사무소 1~2곳에만 내놓는 사람이 있다. 물론 아파트나 저렴한 가격에 내놓을 때는 괜찮을 수 있다. 하지만 확률상 1~2곳보다 여러 곳에 이야기해 놓거나 올려놓아야 물건을 보러오는 매수인이 많아지니 자연스럽게 계약할 확률도 높아지게 된다.

이번에 필자가 공인중개사사무소에 올리는 방법을 독자 여러분과 공유해보고자 한다. 초반에는 공인중개사사무소에 전화해 물건을 이야기했지만 요즘에는 전화로 하는 경우가 거의 없다. 공인중개사가 항상 사무실에 있지 않고 전화가 연결돼도 일정이 바쁘면 듣고 잊기도 한다. 다시 전화해서는 문자로 관련 내용을 보내달라고도 한다. 그래서 문자로 알려야 한가할 때 공인중개사가 다시 봐서 정확히 내용을 공유할 수 있다. 질문도 덜 받는다.

우선 공인중개사들의 핸드폰 번호를 알아야 하는데 얻는 방법은 간단하다. 네이버 부동산에 들어간 후, 물건을 내놓을 물건지 주변으로 검색한다. 그러면 물건지 주변에 다른 매물이 뜰 것이다. 그 물건들을 클릭하면 공인중개사들의 핸드폰 번호를 확인할 수 있다. 이 공인중개사들 대부분은 물건지 주변에서 중개업을 한다. '나의 물건', 네이버 부동산, 또는 다른 부동산 앱에 올려줄 확률이 높다. 거래를 진행할 물건 주변에 물건을 올린 공인중개사들의 전화번호를 싹 적어 다음 페이지 그림처럼 만들어 공인중개사사무실 수십 군데에 연락한다.

다른 팁으로는 중개 보수 외에 수고 비용을 더 챙겨준다. 같은 값이면 다홍치마라고 비슷한 물건이 있다면 중개 보수를 좀 더 높게 받을 수 있는 물건을 중개할 확률이 아무래도 더 높다. 그렇기에 필자는 수고비를 넉넉히 챙겨주고 있다. 효과는 확실하다. 이후에 새로운 경매 물건이 나와서 임장을 갔다가 해당 공인중개사사무소를 방문하면 친절하게 주변 시세를 설명해준다. 공인중개사 대부분은 다른 공인중개사사무소의 물건도 볼 수 있도록 연결된 사이트를 갖고

있다. 좋은 관계를 맺고 있다면 이 사이트를 뒤져서라도 매매 시세를 알려준다. 전세 가격은 얼마인지, 어느 정도 입찰 가격을 쓰면 낙찰을 받을 수 있을지에 대한 조언도 아낌없이 해준다.

필자는 물건을 팔 때만을 위해서가 아니라 미래의 조언자로 생각하고 공인중개사를 대한다. 물건을 싸게 매도한다고 해서 내가 갑이라고 생각해서는 안 된다. 추후 나를 언제든 도와줄 수 있는 조력자로 생각해야 한다. 물론 그에 맞게 정중하고 예의 있게 행동한다. 먼저 정중하게 이야기를 하다 보면 어느 순간 내 입장에서 고민한 정보를 듣게 될 때가 있게 된다. 그때부터 그 지역의 물건 시세를 조사하는 것이 훨씬 수월해진다는 사실을 명심하면 좋겠다.

매매가 아닌 월세로 방법을 찾다

처음 낙찰받은 물건의 위치는 좋지 않았다. 지금의 필자였다면 최저가가 낮더라도 입찰하지 않았을 위치였다. 해당 빌라는 지금의 필자가 싫어하는 위치의 요소를 여러 개 갖고 있었다. 당연히 거래가 빨리 될 턱이 없었다(다음 장에서 좋은 위치의 빌라 물건을 찾는 방법을 이야기하겠다).

실제 낙찰받은 날짜는 2월 26일이었고 강제 집행을 전부 끝내고 청소와 악취까지 제거한 날짜가 6월 20일이었다. 4개월 약간 안 되는 시간에 낙찰받은 물건을 인도받아 공인중개사사무소 수십 군데에 올렸으나 2개월이 다 되도록 매도가 되지 않았다. 그때 다시 한번 입지의 중요성을 알게 됐다.

물론 2개월이면 그리 긴 시간은 아니다. 충분히 기다릴 수 있는 시간이었으나 당시에는 마음이 급했다. 명도에, 강제 집행에 많은 일을 겪고 나니 이 낙찰받은 빌라에 좋은 감정이 남아 있지 않았다. 그 빌라를 보면 부정적인 생각이 나는 것 같았다. 그래서 더욱 빨리 매매하고 싶었던 것 같다(물론 지금은 부정적인 느낌보다 이런 경험에 정말 감사하고 있다. 추후 명도가 정말 수월했다. 시간이 경험이자 약이다).

2개월이 지나도록 거래가 되지 않아 결국 기존에 생각해뒀던 차선책으로 방향을 돌렸다. 월세였다. 당시에는 대출이 잘 나와서 월세로 전환해도 필자의 돈이 많이 들어가지 않았다. 그렇게 정하고 다시 한번 공인중개사사무소 수십 곳에 연락을 돌렸다. 얼마 지나지 않아 집을 보려는 사람들의 연락을 받았고 그중 1명과 계약하게 됐다. 9월 중순이 돼서야 월세 계약을 진행했다.

반년이 넘는 시간 동안 고생한 결과가 나온 순간이었다. 그렇다면 필자의 첫 경매 수익은 어떻게 됐을까? 그 결과를 내락석으로 공유해보고자 한다.

월세로 얼마를 벌었을까?

우선 9,500만 원에 낙찰받았다. 주변 시세에 비하면 괜찮은 가격대에 낙찰을 받은 편이었다. 당시 필자는 무주택자였는데도 부모의 주택 수에 산정되어 4.6%의 취득세를 납부했다(현재는 30세 이하여도 세대주가 될 수 있고 70만 원 이상의 소득을 얻고 있다면 부모의 주택 수에 산정되지 않는다). 법무 비용은 55만 정도가 들었다. 취득세, 법무 비용을 합치니 500만 원 조금 안 됐다. 또한, 예상치 못한 비용은 앞에서 말했던 강제 집행이었다. 강제 집행 관련 노무 비용 158만 원, 트럭 3대(5톤 트럭 2대, 1톤 트럭 1대)와 보관비 290만 원, 계고할 때 열쇠공에게 지급한 비용 등을 합쳐 500만 원이 조금 안 되는 비용이 들어갔다. 추가적인 비용이 1,000만 원 가까이 발생했다.

대출은 대출모집인을 통해 은행에서 8,500만 원을 받았고 3월 중순부터 발생했던 은행 이자와 중개 비용, 그리고 청소 비용으로 200

만 원 정도가 들어갔다.

나찰반은 금액 9,500만 원부터 이후 들어간 모든 비용을 합쳐보니 1억 700만 원 정도 됐다. 이러한 추가적인 비용이 발생할 수 있으니 입찰할 때는 예상치 못한 변수를 대비해 보수적으로 가격을 산정해야 한다는 것을 잊지 말자.

이제 매매가 아닌 월세 기준으로 지금까지 말한 비용을 다 포함한 수익률을 알아보자. 해당 물건은 '보증금 1,000만 원과 월세 53만 원', 그리고 빌라 청소비와 보수비 2만 원은 별도로 계약했다.

은행 이자는 3%대 초반으로 대략 22~23만 원 사이로 이자 비용이 발생한다(빌라 청소비와 보수비는 직접 받는 금액이 아니고 빌라 총무에게 주는 것이라 제외). 월세 53만 원에 은행 이자 23만 원을 제외하고 다달이 순수하게 30만 원 정도에 해당하는 금액을 받을 수 있다.

이번에는 투자한 금액을 알아보도록 하자. 처음 예상과 달리 총비용이 1억 700만 원으로 늘었고 은행에서 대출 8,500만 원을 받았다. 그래서 총 2,200만 원의 자부담 금액이 들어갔다. 임차인에게 보증금 1,000만 원을 받았으니 이를 제외하면 비용은 총 1,200만 원이 된다. 즉, 1,200만 원 투자로 월 30만, 연 360만 원의 수익을 얻은 것이다. 수익률은 30% 정도다(물론 지금은 정부 정책에 따른 대출 규제로 대출금이 더 적게 나올 수 있다. 대략 이런 방식으로 산정된다는 것을 알려주기 위해서 설명했다. 지금도 일부 은행은 약간 완화해 대출해주기도 하므로 입찰 전에 대출 중개를 해주는 곳에 문의해보면 적절한 이자로 다른 은행보다 많이 대출해주는 곳을 찾을 수 있다. 필자 경험상 협동조합에서 대체로 대출이 많이 나왔다).

추가적인 비용이 발생했는데도 30%라는 수익률을 얻을 수 있었다. 그러므로 입찰할 때 보수적으로 해야 예상치 못한 비용이 발생해도 좀 더 여유롭게 대처할 수 있다. 그렇게 권리 분석, 물건 조사, 낙찰, 명도, 수리, 매도까지 첫 경매 물건의 한 사이클을 전부 마치게 됐다.

5장

매도가 빠른 물건을
낙찰받다

1

1단계:
선순위 임차인이 있다면
확인, 또 확인하자

경매를 하면 할수록 경매의 매력에 점차 빠져들었다. 그중 법인을 세우고 처음 낙찰받은 빌라가 특히 기억에 남기도 하고, 한 단계 성장시켜준 계기가 되었기에 이번 장에서 설명하려고 한다.

낙찰받은 이후부터는 더 많은 물건을 접해보고 경험해보고 싶었다. 당시 법인의 경우 대출이 가능했고 양도소득세에 해당하는 법인세, 추가 세율이 개인보다 낮아서 높은 수익을 기대해볼 수 있었다. 여러 장점이 많았다고 판단해 법인을 설립하기로 했다. 법인을 설립한 후에 낙찰을 받는데 선순위 임차인이 있는 물건이었다.

이 물건은 낙찰받고 선순위 임차인이 배당을 받아간 날에 공인중개사사무소에 바로 올렸다. 매물로 올린 지 15일 만에 바로 팔렸을 만큼 위치도 괜찮았으며 1억 원 이하의 많지 않은 투자금액으로도 매도 차익이 4,000만 원이 됐을 정도로 준수한 수익을 안겨줬다. 해당 물건은 어떻게 찾았는지, 왜 이런 입찰가를 산정했는지를 순차적으로 독자 여러분과 공유해보고자 한다.

우선 선순위 임차인이 있을 때 문제를 예방하기 위해 필요한 확인 사항부터 이야기하겠다. 크게 5가지로 나눠 볼 수 있다.

선순위 임차인이 있을 때 확인할 5가지

하나, 임차인이 전입 신고만 하고 확정일자를 받지 않았는지, 배당 요구 신청을 배당 요구 종기일이 지나서 했는지 확인한다. 간혹 선순위 임차인이 확정일자나 배당 요구 신청이 늦은 경우가 있다.

확정일자를 늦게 받은 경우를 보자. 전입 신고는 2020년 1월 1일, 근저당은 2020년 3월 10일, 확정일자는 2020년 3월 30일이라고 가정해보자. 전입 신고가 빠르므로 대항력은 있으나 확정일자가 근저당보다 늦어 우선 변제받을 수 있는 권리는 없다. 그래서 낙찰대금에서 근저당권자가 먼저 배당을 받게 된다. 근저당에서 돈을 받고 나머지 금액을 임차인이 받으므로 보증금을 전부 받지 못했다면 낙찰자가 추가로 인수해야 하기에 조심해야 한다. 즉, 임차인이 받지 못한 보증금을 낙찰자가 떠안아야 한다. 이것이 선순위 임차인이 있는 물건의 무서운 점이다. 앞서 언급했듯이 후순위 임차인은 낙찰자 인수사항(보증금을 물어내는 사항)이 아니니 입찰해도 무방하다.

배당 요구 신청을 늦게 한 경우는 어떨까? 법원에서 '언제까지 배당 요구 신청을 하세요'라고 알려주는데 매각물건명세서에서 확인이 가능하다. 후순위 임차인은 상관없으나 선순위 임차인이 그 날짜보다 늦게 배당 신청을 하면 문제가 발생한다. '배당 요구를 신청하지 않았다'는 그 집에서 계속 살겠다는 것과 같고 낙찰대금에서 보증금을 받지 못한다. 따라서 낙찰자는 낙찰대금 외에 임차인의 보증금 전부를 인수해야 한다.

그러므로 선순위 임차인이 있다면 확정일자와 배당 요구 신청일자를 우선적으로 살펴보자.

둘, 대위 변제의 가능성을 확인한다. 근저당이나 압류같이 말소기준권리가 등기되어 있고 임차인의 전입 신고가 늦는다고 해서 무조건 안심하면 안 된다. 특히 말소기준권리가 소액으로 잡혀있고 임차인이 전세로 보증금이 높으면 문제가 된다.

예를 들어보겠다(경매 진행 비용, 당해세 등은 없는 것으로 한다). 말소기준권리 관련해서 2021년 1월 1일에 은행에서 근저당 2,000만 원을 설정했다. 임차인의 보증금은 1억 원이고 전입일자는 2021년 1월 10일이다. 물건의 시세는 1억 3,000만 원이고 감정가도 똑같이 1억 3,000만 원이다. 현재 한 번 유찰되어 20% 저감된 1억 400만 원에 최저가로 경매 진행 중에 있다.

여기에 거주 중인 임차인은 보증금을 전부 돌려받지 못할까 봐 불안해하고 있다. 만약 1억 1,000만 원에 낙찰된다면? 근저당에서 먼저 2,000만 원을 가져갈 것이다. 그러면 낙찰자의 낙찰대금 1억 1,000만 원에서 2,000만 원을 제외한 9,000만 원이 남는다. 임차인은 보증금 1억 원 중에서 9,000만 원만 받게 된다. 집주인에게 보증금으로 1억 원을 줬는데 임차인은 1,000만 원을 돌려받지 못하게 되는 것이다.

불안한 임차인은 먼저 등기된 말소기준권리에 해당하는 근저당권을 채무자 대신 갚는다. 이처럼 대신해서 갚는다고 해 '대위 변제'라고 한다. 이렇게 하면 임차인보다 빠른 일자에 설정된 말소기준권리는 사라지고, 다른 권리보다 임차인의 전입 신고가 우선하게 된다. 대위 변제를 통해 후순위 임차인에서 선순위 임차인으로 권리의 변동이 일어난다.

- 시세(감정가 동일): 1억 3천만 원
- 1회 유찰(80%): 1억 4백만 원

<기존>

일자	권리 순서	금액	1.1억 원 낙찰	결과
21년 1월 1일	○○은행	2천만 원	2천만 원 배당	·
21년 1월 10일	임차인 보증금	1억 원	9천만 원 배당	·

〈대위 변제 시〉

일자	권리 순서	금액		결과
21년 1월 1일	임차인 대위 변제금	2천만 원	▶	선순위 임차인으로 변경 (낙찰자 인수사항)
21년 1월 10일	임차인 보증금	1억 원		

이런 경우 임차인의 보증금은 낙찰자 인수사항이 된다. 말소기준권리 이전의 권리들이 전부 사라지는 것은 맞지만 임차인이 자신의 보증금을 지키기 위해 대위 변제를 한다면 낙찰자가 보증금에 해당하는 금액을 물어줘야 하는 경우가 생길 수 있다. 그러니 권리 분석을 할 때 말소기준권리에 해딩하는 금액이 석고 임차인이 있다면 반드시 염두에 둬야 하며 입찰 전, 낙찰 후, 잔금 전에 권리의 변동 사항이 없는지 꼼꼼히 확인하고 진행해야 한다.

셋, 이전의 경매 내역이 있는지 확인한다. 같은 물건이 경매에 또 나오는 경우가 종종 있는데 그 물건에 선순위 임차인이 있다면 주의해야 한다. 처음 경매에 나왔을 때의 임차인과 다시 경매에 나왔을 때의 임차인이 같다면 말소기준권리보다 전입 신고일자가 빠를 것이다. 처음 경매로 소유자가 변경됐고 임차인은 그전부터 살고 있었으니 전입 신고보다 늦게 근저당이나 압류가 발생할 것이기 때문이다. 전입 신고는 한 번 신고하면 경매가 몇 번이 진행되고와 관계없이 계속 효력이 살아있다. 반면 확정일자는 1회성이다. 처음 경매에서 확정일자를 사용했다면 그 날짜에 해당하는 확정일자는 이후 효력을 잃는다. 그렇게 되면 대항력은 있으나 우선 변제권이 없기 때문에 낙찰자가 보증금을 전부 인수해야 할 수도 있다.

예를 들어보겠다. 임차인이 2015년 1월 1일에 전입 신고와 확정일자를 받아놓은 빌라가 경매로 넘어갔다. 처음으로 경매가 진행됐고 E가 낙찰을 받았다. 낙찰 후 후순위 대출로 2018년 1월 1일에 근저당을 설정해놓았다. 임차인은 전액 배당을 받아 계속 살기를 원했고 낙찰자도 이에 동의해서 임차인은 계속 거주했다. 이럴 경우 전입일자는 2015년 1월 1일 그대로 대항력이 유지가 된다. 하지만 2015년 1월 1일 같은 날에 받았던 확정일자는 전액 배당을 받으면서 사용해 사라진다. 결과적으로 확정일자 없이 2015년 1월 1일 전입 신고를 한 대항력만 있는 임차인이 된다. 그런데 E에게 금전적인 문제가 생겨 다시 경매로 넘어가게 됐다.

두 번째로 경매가 진행된다면 임차인이 2015년 1월 1일에 했던 전입 신고만 남고 확정일자는 사라진다. 즉, 우선 변제권 없이 대항력만 남게 된다. 그렇게 되면 두 번째로 진행된 경매의 낙찰자가 낸 낙찰대금이 임차인에게 먼저 돌아가지 않는다. 기존에 받았던 확정일자는 처음 경매에서 이미 사용했기 때문에 E가 처음 경매에서 받은 후순위 대출날짜인 2018년 1월 1일에 설정된 근저당에서 먼저 배당을 받아가게 된다. 임차인이 받지 못한 보증금은 전부 낙찰자 인수사항이 된다.

그러므로 선순위 임차인이 있는 경매 물건에 과거 경매사건이 있었는지 보고 확정일자를 사용한 건지, 다시 확정일자를 받았는지 등을 반드시 확인해야 예상치 못한 금액을 인수하는 일이 없게 된다.

넷, 당해세, 선순위 임금채권이 있는지 확인한다. 국세와 지방세로 나뉘는 당해세는 우선 원칙에 따라 선순위 임차인의 보증금보다 항상 우선해 배당받을 권리가 있다. 문제는 낙찰 전에는 이 금액을 알 수 없다는 것이다. 그래서 당해세와 임금채권의 금액이 높다면 선순위 임차인은 낙찰대금에서 보증금을 거의 받지 못하고 추가로 낙찰자가 인수해야 하므로 더욱 주의한다. 경매에서 당해세는 주로 시군구청이나 세무서에서 압류로 확인할 수 있으며 금액은 나와 있지 않다(당해세를 확인하는 방법으로는 법원에 가서 대략적인 금액을 물어보거나 임차인이 있을 경우 협조를 얻어 확인하는 방법이 있다. 물론 알려주지 않는 법원도 있다).

특히 근로복지공단에서 가압류가 들어왔는지 확인한다. 가압류가 있다면 되도록 입찰하지 않는다. 몇 명의 임금을 체불했는지, 얼마나 오래 임금을 주지 않았는지 알 수 없고 선순위 임금채권의 경우 1명이 한 달 분만 밀려도 200~300만 원으로 예상할 수 있으니 체불 액수 자체가 크기 때문이다. 만약 이런 물건을 입찰한다면 임차인에게 보증금을 추가로 줘야 할 가능성이 높다. 또한, 당해세 중에서 세무서에서 압류를 걸었다면 더욱 조심한다. 보통 상속세, 증여세, 종합부동산세를 체납하면 금액이 높은데 이를 먼저 변제한다면 이후 선순위 임차인에게 돌아갈 배당이 없을 수도 있기 때문이다.

다섯, 전세권자가 임차인인지 확인한다. 전세권이 설정되어 있고 전세권을 설정한 임차인이 다른 말소기준권리보다 빨리 전입 신고를 했다면 더욱 주의한다.

예를 들어보자. 전세로 살고 싶었던 임차인은 전입 신고만으로는 부족하다고 생각해 전세권을 설정하길 원했다. 집주인도 동의해 전세권을 2020년 6월 1일에 설정했다. 그 후 다시 한번 안전장치로 전입일자와 확정일자를 2020년 6월 5일에 받아놓았다. 집주인은 은행에서 후순위 대출을 받아 근저당을 2020년 6월 10일에 설정해놓았다. 2년이 지난 후 임차인은 청약에 당첨되어 신규 아파트에 잔금을 치르고 반드시 일정 기간 내 입주해야 할 상황이 됐다. 집주인에게 계약의 종료를 알리고 이사할 준비를 했다.

그런데 집주인이 돈이 없다면서 보증금을 주지 못하겠다고 하는 것이 아닌가! 이럴 경우를 대비해서 소송할 필요 없이 바로 경매를 진행할 수 있도록 전세권을 설정해놓았던 임차인은 전세권의 권리로 임의 경매를 신청했다.

전세권으로 임의 경매를 신청하면 말소기준권리가 되어 소멸하게 된다. 그렇다면 겉으로 보기에는 2020년 6월 1일이 전세권으로 말소기준권리가 되어 후순위 권리들은 전부 사라지게 된다. 임차인의 전입 신고도 2020년 6월 5일로 후순위 권리이기 때문에 소멸하는 것이 맞는 것처럼 보인다. 하지만 이런 경우는 낙찰자 인수사항이 된다. 원래대로라면 말소기준권리보다 늦은 전입 신고는 낙찰자의 인수사항이 아닌데 이 경우는 다르다.

해당 내용은 대법원까지 소송이 진행됐고 대법원 판결이 나왔다. 요약해보면, 임차인으로서의 우선 변제받을 권리와 전세권자로서 우선 변제받을 권리를 겸유하고 있는 경우, 전세권자로서 배당 절차에 참가해 전세금 일부만 받은 경우 변제받지 못한 나머지 금액에 대해 대항력 행사에 어떤 장애가 있다고 볼 수는 없다고 판시했다. 전세권과 임차인으로서의 대항력이 둘 다 있다고 보는 것이다. 즉, 낙찰자가 인수하는 사항이 된다.

물론 전세권 설정 후 전입일자가 다른 말소기준권리보다 빠를 때만 해당한다. 만약 앞에서 말한 예시에서 근저당이 2020년 6월 3일에 설정됐다고 가정해보자. 전세권 설정일인 2020년 6월 1일보다는 후순위이고 2020년 6월 5일 전입일자보다는 빠르다. 이때에는 낙찰자가 인수해야 할 권리는 없으니 혼동하지 않는다. 그렇기에 전세권과 전세권을 설정한 임차인이 같다면 반드시 주의해서 봐야 추후 예기치 못한 불상사를 예방할 수 있다.

필자가 받은 물건은 단순한 선순위 임차인의 사례였으나 실제 경매에서는 앞의 예처럼 복잡한 경우가 의외로 많으니 관련 내용을 잘 숙지해 더 이상 잘못된 권리 분석으로 미납하는 상황을 피하기를 바란다. 임차인의 보증금을 인수할 수도 있어서 예상하지 못한 추가 지출이 발생할 수 있기 때문이다.

물론 지금까지 말한 사례와 관련해 당해세 금액, 임차인이 진정한 임차인이 아닌 가장 임차인임인지 파악 등 남들이 쉽게 알 수 없는 정보를 이해관계인과 접촉해 확인할 수 있다면 오히려 기회의 물건이 될 수도 있다.

아파트는 세대원이 많아 거래량도 많고 구조도 동일해 비교적 시세 파악이 어렵지 않다. 세대가 많을수록 네이버 부동산이나 실거래가 공개시스템(rtdown.molit.go.kr)에 나온 금액으로도 대략적인 시세 예측이 가능하다(그래도 실수하기도 해서 아파트 시세 파악 관련해서는 다음 장에서 설명하겠다).

그런데 빌라는 약간 다르다. 연식, 내부 구조, 방수 여부, 내부 자재, 엘리베이터 유무, 주차 문제 등으로 인해 바로 옆의 빌라와도 시세가 엄청나게 차이가 난다. 그래서 빌라 경매에서는 시세 파악이 대부분이라고 해도 무방할 정도로 중요하다. 적절한 시세 가격을 확인하려면 아파트보다 배 이상의 노력을 들여야 한다. 다르게 말하면 시세 파악만 제대로 한다면 아파트보다 높은 수익을 낼 수 있다는 말이 된다.

시세를 잘못 파악한 상황에서 낙찰을 받았는데 위치까지 좋지 않다면 탈출 방법이 거의 없다. 매도가 쉽지 않고 월세나 전세로도 잘 안 나갈 수 있다. 매도가 되더라도 손해를 많이 볼 것이 분명하며 아파트처럼 장기적으로 갖고 있더라도 시세가 많이 오르지 않는다. 애물단지가 되어버리는 것이다. 그렇게 몇 달이 지나면 정말 많은 스트레스를 받는다. '내가 경매를 왜 했지?'라는 생각부터 '도대체 왜 이 가격으로 받았을까?', '괜히 투자한답시고 돈만 몇천 날리는구나'라는 생각에까지 도달하게 된다.

시간이 더 지나면 많은 것을 포기한 채 손해를 많이 보더라도 이 애물단지를 팔아버리려고 한다. 그리고 나서는 다시는 경매를 하지 않겠다고 다짐하면서 경매 시장을 떠난다. 실제로 이렇게 떠나는 사람이 상당히 많다. 따라서 시세를 잘못 파악해도 적절한 입지라는 장점을 갖고 있어야 탈출 방법이 생기므로 이와 관련해 필자는 다음의 기준을 정해놓고 투자를 한다.

빌라 시세 파악법

빌라 시세를 파악하기에 앞서 절대로 감정가를 믿으면 안 된다. 보통 경매에 처음 입문하는 사람은 감정가를 기준으로 생각하는 경향이 많다. 감정가의 34%, 50% 가격에 낙찰을 받으면 엄청 저렴하게 받았다고 생각하거나 그러한 가격에 입찰한다. 하지만 빌라는 대부분 감정가보다 시세가 낮다. 서울 일부 지역에서는 감정가보다 높은 경우가 꽤 있으나 웬만한 지역에서는 전부 낮다고 생각하면 안전하다. 그러므로 절대로 감정가를 기준으로 삼으면 안 된다. 빌라 감정가만 보고 입찰해 낭패를 본 사람이 한둘이 아니다. 상당히 많은 사람이 그렇게 자신의 소중한 보증금을 몰수(몰취)당하고 경매에서 발을 뺀다. 빌라 시세를 파악함에 있어 자기만의 확고한 기준이 있어야 하고 그 기준을 프로세스화해 여러 물건을 빠르게 시세 파악을 할 수 있도록 노력해야 한다.

법인으로 입찰해 단기 차액을 노린다면 아파트의 경우 입지도 중요하지만 수익성을 좀 더 우선해 투자하는 편이다. 빌라보다 현금성이 좋아서 입지가 좋지 않더라도 입찰하는 편이다. 하지만 빌라는 역과 학군을 위주로 본다.

임장 전에 빌라 시세를 볼 때 손품 관련해 반드시 들어가 보는 사이트가 있다. 바로 국토교통부의 실거래가 공개시스템이다. 이와 관련해 기존 부동산 유튜브, 경매 책에서 설명하는 내용과는 다르게 접근한다.

우선 실거래가 공개시스템 사이트에 들어가는 것은 똑같다. 누구든지 로그인 없이 기존에 거래가 됐던 매물들을 확인할 수 있다. 들어가서 '실거래가 자료제공'을 클릭한다. 그러면 내가 지정하는 조건

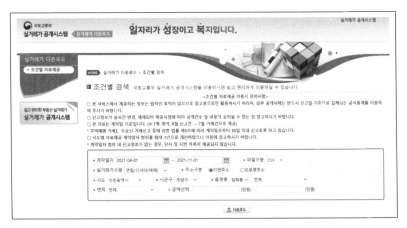

• 출처: 실거래가 공개시스템

별로 실거래가 된 내역들을 엑셀로 다운로드할 수 있다.

계약일자는 보통 6개월~1년으로 설정하며 파일 구분은 엑셀도 상관없으나 CSV로 한다. 실거래가 구분에서 '연립/다세대(매매)'를 선택한 후, 경매할 지역을 선택하고 다운로드한다. 다운로드한 파일에서 내가 원하는 연식, 면적, 층수를 먼저 찾는다. 그리고 필터를 통해 내가 원하는 것을 거르고 거른다.

연식은 보통 내가 입찰하려고 하는 물건이 등기된 날을 기준으로 이전 5년, 먼저 지어진 건물은 3년 정도 차이를 둔다. 예를 들어, 내가 들어가려고 하는 물건이 1995년에 지어진 빌라라면 1990년도부터 1998년도까지 선택을 한다. 물론 정해져 있는 방식은 아니므로 상황에 따라 조금씩 변하지만 대부분 이렇게 전후 기준으로 필터를 한다(엑셀에서 '데이터'를 클릭하면 '필터'가 나옴).

면적에서는 입찰할 물건의 전후 $10\,m^2$를 본다. $40\,m^2$의 물건에 입찰하고 싶다면 $30{\sim}50\,m^2$의 물건들을 필터로 거른다

층과 관련해 지하층에 입찰하려고 한다면 당연히 지하로만 검색해야 하지만 2층 이상(필로티 구조라면 1층)부터 탑층에서 한층 밑까지의 층수를 검색할 때에는 지하층의 빌라만 제외하고 나머지는 다 포함해 검색한다. 지하 매매 물건은 엑셀에 −1이라고 쓰여 있다.

그러고 나서 대략 쭉 보면 매매가가 이상하게 높은 빌라가 간혹 보인다. 예를 들어, 1억 원대 전후로 매매 가격이 형성된 것 같은데 2~3억 원이나 되는 물건이 보인다면 다시 한번 거래금액에서 필터를 통해 제외해야 한다.

이후에도 추가로 중요한 작업을 해야 한다. 위치 범위가 좁으면 하지 않아도 되지만 대부분 무슨 무슨 동으로 검색하기 때문에 원하는 위치뿐만 아니라 해당 동 전체가 다 실거래가로 나온다. 예를 들어, 소사본동에서 소사역 앞 더블 역세권인 곳이나 재개발 진행 예정인 곳이라면 같은 동이라도 시세가 매우 차이 날 수 있다. 그래서 매매 가격 차이가 큰 물건을 필터로 제외하고 한 번 더 시세를 맞추는 일을 한다고 보면 된다.

다운받은 엑셀 맨 오른쪽에 도로명이 있는데 여기서 시간이 제일 오래 걸린다. 이 도로명을 오름차순이나 내림차순으로 정리한다. 그러면 ㄱ, ㄴ, ㄷ 순이나 역순으로 나오는데 주소를 복사한 후에 네이버나 다음의 지도에 붙여놓는다. 주소를 붙여놓기로 하면서 입찰을

□ 검색조건
계약일자 : 20210401 ~ 20211101
실거래구분 : 연립다세대(매매)
주소구분 : 지번주소
시도 : 인천광역시
시군구 : 계양구
읍면동 : 임학동
면적 : 전체
금액선택 : 전체

시군구	번지	본번	부번	건물명	전용면적	대지권면	계약년월	계약일	거래금액	층	건축년도	도로명	해제사유	거래유형	중개사소개지
인천광역시			3	빌라	38.28	27.64	202106	7	7,500	1	1991	임학서로			
인천광역시			3	빌라	38.28	27.64	202107	28	8,000	2	1991	임학서로			
인천광역시			0	빌라	38.88	25.97	202106	26	7,100	4	1991	병방시장			
인천광역시			0	빌라	38.88	25.97	202108	16	8,390	1	1991	병방시장			
인천광역시			66	빌라	37.65	24.38	202105	18	12,500	2	1993	임학서로			
인천광역시			66	빌라	37.65	27.13	202108	24	10,900	4	1993	임학서로			
인천광역시			66	빌라	37.65	27.13	202108	24	10,900	3	1993	임학서로			
위천광역시			66	빌라	37.65	24.38	202110	5	12,500	2	1993	임학서로			
인천광역시			0	빌라C	47.41	22.71	202105	25	11,000	3	1994	계양산로			
인천광역시			0	빌라C	47.76	22.87	202109	13	6,000	-1	1994	계양산로			
인천광역시			0	빌라C	47.64	22.62	202110	22	11,800	1	1994	계양산로			
인천광역시			20	빌라	43.56	24.15	202107	19	9,700	4	1994	계양산로			
인천광역시			20	빌라	43.56	24.15	202107	27	11,200	4	1994	계양산로			

원하는 물건지 주변에 있는 물건들만 놓고 나머지 위치를 하나씩 지워나간다.

그렇게 전부 다 하면 입찰할 물건지 주변 빌라들의 시세들만 쭉 나올 것이다. 전부 다 할 필요는 없지만 경매에 입찰하려는 물건지 주변에서 매매가 된 것을 많이 확인할수록 정확도는 올라간다.

더욱 정확하게 빌라 시세 파악하는 방법

이제 거의 다 했다. 여기서 다시 한번 필자만의 노하우를 공개하겠다. 엑셀에서 필터로 고르고 고른 매매가들의 평수를 계산한다. 오른쪽 공간을 활용한다. 예를 들어, 첫 번째 매매됐던 물건의 전용면적이 38.28m^2라면 3.3으로 나눈다. 나눈 결과가 실제 평수와 유사한 평수인데 여기서는 11.6평이 나온다. 그 식을 적었다면 매매된 다른 물건에서도 평수를 볼 수 있게 쭉 드래그해 계산한다.

시군구	번지	본번	부번	건물명	전용면적	대지권면적	계약년월	계약일	거래금액	층	건축년도	도로명	해제사유	거래유형	중개사소재지	평수
인천광역시			3	빌라	38.28	27.64	202106	7	7,500	1	1991	임학서로	-	-		=F26/3.3
인천광역시			3	빌라	38.28	27.64	202107	28	8,000	2	1991	임학서로	-	-		
인천광역시			0	빌라	38.88	25.97	202106	26	7,100	4	1991	병방시장	-	-		11.7818
인천광역시			0	빌라	38.88	25.97	202108	16	8,390	1	1991	병방시장	-	-		11.7818
인천광역시			66	빌라	37.65	24.38	202105	18	12,500	2	1993	임학로	-	-		11.4091
인천광역시			66	빌라	37.65	27.13	202108	24	10,900	4	1993	임학로	-	-		11.4091
인천광역시			66	빌라	37.65	27.13	202108	24	10,900	4	1993	임학로	-	-		11.4091
인천광역시			66	빌라	37.65	24.38	202110	5	12,500	2	1993	임학로	-	-		11.4091
인천광역시			0	빌라	47.41	22.71	202105	25	11,000	3	1994	계양산로	-	-		14.3667
인천광역시			0	빌라	47.76	22.87	202109	13	6,000	-1	1994	계양산로	-	-		14.4727
인천광역시			0	빌라	47.64	22.62	202110	22	11,800	1	1994	계양산로	-	-		14.4364
인천광역시			20	빌라	43.56	24.15	202107	19	9,700	4	1994	계양산로	-	-		13.2
인천광역시			20	빌라	43.56	24.15	202107	27	11,200	4	1994	계양산로	-	-		13.2

그런 다음, 방금 계산했던 평수를 바탕으로 물건마다 평수에 대한 평균금액을 구해야 한다. 즉, 1평당 얼마인지에 대한 금액을 구해야 하는 것이다. 매매가 이뤄진 금액에서 아까 구했던 평수를 나눈다. 첫 번째 물건의 가격이 7,500만 원이라고 해보자. 7,500만 원에서 11.6평을 나누면 전용면적 기준 평당 646만 원 정도가 나온다. 그것도 역시 쭉 드래그하면 모든 물건의 평 단가에 대한 금액이 나올 것이다.

이 평단가 금액의 평균을 산출해야 한다. 어떤 물건은 가격이 높고 급매로 팔린 물건은 낮으므로 이에 대한 평균을 다시 한번 구해 해당 지역의 전용면적 평당 시세를 알아보기 위해서다.

방법은 간단하다. 평수에 대한 금액을 쭉 드래그해보면 그 지역 기준으로 평당 평균 얼마에 거래됐는지 확인할 수 있다. 입찰하려는 물건의 평수를 구해 곱하면 설정한 기간 동안 매매할 수 있는 금액이 산출된다.

다음 그림처럼 평당 평단가의 평균은 806만 정도이고 경매로 입찰하려는 물건이나 일반 매매로 구매를 희망하는 물건이 10평이라면 8,062만 원 정도의 시세가 산출된다고 보면 된다. 연도, 층수에 따라 약간의 가감을 해주면 된다. 처음에는 조금 복잡해 보이지만 천천히 따라 하다 보면 생각보다 쉬워신다.

검색조건														
계약일자 : 20210401 ~ 20211101									평균 평당 평단가			806.274		
실거래구분 : 연립다세대(매매)									입찰 물건의 평수			10 평		
주소구분 : 지번주소									평균 가격			8062.74		
시도 : 인천광역시														
시군구 : 계양구														
음면동 : 임학동														
연지 : 전체														
금액선택 : 전체														

시군구	번지	본번	부번	건물명	전용면적	대지권면적	계약년월	계약일	거래금액	층	건축년도	도로명	해제사유발생일	거래유형	중개사소재지	평수	평당 평단가
인천광역시		3		빌라	38.28	27.64	202106	7	7,500	1	1991	임학서로	-	-		11.6	≈J26/9.26
인천광역시		3		빌라	38.28	27.64	202107	28	8,000	2	1991	임학서로	-	-		11.6	689.655172
인천광역시		0		빌라	38.88	25.97	202106	26	7,100	4	1991	병빙시장	-	-		11.781818	602.623457
인천광역시		0		빌라	38.88	25.97	202108	16	8,390	1	1991	병빙시장	-	-		11.781818	712.114198
인천광역시		66		빌라	37.65	24.38	202105	18	12,500	2	1993	임학로	-	-		11.409091	1095.61753
인천광역시		66		빌라	37.65	27.13	202108	24	10,900	4	1993	임학로	-	-		11.409091	955.378486
인천광역시		66		빌라	37.65	24.38	202110	5	12,500	2	1993	임학서로	-	-		11.409091	1095.61753
인천광역시		0		빌라	47.41	22.71	202105	25	11,000	5	1994	계양산로	-	-		14.366667	765.661253
인천광역시		0		빌라	47.64	22.62	202110	27	11,800	1	1994	계양산로	-	-		14.436364	817.380353
인천광역시		20		빌라	43.56	24.15	202107	19	9,700	4	1994	계양산로	-	-		13.2	734.848485
인천광역시		20		빌라	43.56	24.15	202107	21	11,200	4	1994	계양산로	-	-		13.2	848.484848

이 방법을 전세와 월세에도 대입해보면 내가 들어가고자 하는 물건의 평균 전세가와 월세가도 산출할 수 있다. 전세와 월세의 시세 파악을 해놓으면 매매가 이뤄지지 않을 경우를 대비한 탈출 전략을 만들 수 있어서 더욱 안전하게 빌라 경매를 할 수 있다.

조금 어려울 수 있으나 잘만 적용한다면 거의 시세와 맞는 금액이 나온다. 빌라는 아파트와 달리 1년 동안 차이가 크지 않기 때문에 이런 방법을 쓰는 것이 유용하다. 처음부터 사람들이 선호하는 입지를 중심으로 골랐으므로 1년 동안 떨어지는 일은 거의 없을 것이고(필자가 좋아하는 지역은 뒤에서 이야기하겠다) 1년간 올랐다면 오히려 보수적으로 산정할 수 있어 더욱 괜찮다.

필자도 처음에는 이 시세 파악에만 2~3시간이 걸렸다. 하지만 계속하면서 부족한 부분을 발견해 보완하고 시세 파악 방식을 프로세스화해 발전시키고 있다. 앞으로도 계속 노력할 계획이다.

필자는 현재 권리 분석으로 안전 유무를 확인하고 원하는 물건이 있으면 꼭 임장보고서를 쓴다. 손품으로 얻을 수 있는 정보와 네이버 부동산을 보며 나와 있는 매매 가격, 전세 가격, 월세 가격, 감정가, 그리고 각종 편의시설 파악(학교, 편의점, 마트, 병원, 시장 등의 호재 요소뿐만 아니라 폐기장 등 폐기시설 등의 악재요소까지 파악)과 앞에서 말한 방법을 사용하는데 한 물건당 30분 내외가 소요된다. 처음에는 익숙하지 않아서 그런 것뿐이지 계속 반복하면 시간도 줄고 익숙해진다. 마치 회사에서 처음에는 엄청 헤매고 어려웠으나 경력이 생기면서 옆의 직원과 잡담을 하면서도 쉽게 할 수 있는, 일이 익숙해지는 것과 같다. 필자는 그렇게 느꼈다.

시세 확인은 필수다

앞에서 말한 시세 파악 방법은 전산으로 확인이 가능하다. 입찰 전에 위험요소들을 최대한 없애야 한다. 그러므로 실거래가만 맹신해 입찰하지 말고 공인중개사사무소에도 반드시 들러봐야 한다. 내가 찾았던 그 금액이 맞는지 확인하러 가는 것이라고 보면 된다. 실거래가 공개시스템에서 파악한 금액을 기준으로 정하고 그것보다 낮게 나와 있는 물건이 있는지 확인하는 것이다.

필자는 실거래가 공개시스템에 더 중점을 둔다. 한 공인중개사사무소에서 해당 지역의 물건을 다 알지 못한다. 매매했던 것이라고 해도 기억이 왜곡될 수 있고 어떤 공인중개사는 낮은 금액으로만 매매를 했을 수도 있다. 이렇다면 그나마 다행이다. 그 금액보다는 입찰 가격을 낮게 쓸 테니까…. 그런데 마침 찾아간 공인중개사의 최근 거래 매매가가 전부 높았다면? 문제가 생길 수 있다. 실제로 현장에서 그런 경우를 종종 봤다. 그렇다고 그 공인중개사가 책임지지 않는다. 입찰 가격 산정의 책임은 오롯이 투자자 본인에게 있다. 사실 공인중개사사무소 5곳 정도에 들어가 물어보면 시세가 어느 정도 나오므로 1곳만 방문하지 않는다.

보통 임장은 주말에 하는데 못 갈 때도 있다. 이때는 주변 조사만 하고 공인중개사사무소에 전화로 물어보기도 한다. 아파트의 경우에는 3곳 정도에, 빌라의 경우에는 4~5곳 정도에 전화해서 필자가 계산했던 금액과 맞으면 더는 전화하지 않는다. 조금 다르면 몇 곳에 더 전화해본다. 무작정 전화부터 하지 말고 실제 거래된 모든 내역을 확인해야 한다. 시세를 계산해 얻은 정보를 바탕으로 공인중개사에게 문의하면 더 객관적인 시각을 유지할 수 있다.

시세를 정확하게 파악하기 위해서는 매도자 또는 매수자 입장, 전세나 월세를 놓거나 구하려는 입장 등과 같이 다양한 상황을 생각하며 물어봐야 한다. 매도자 입장이라면 가격을 더 비싸게 부를 수도 있고 매수자 입장이라면 더 싸게 부를 수도 있다.

실거래가 공개시스템에서는 엘리베이터 유무, 내부에 쓰인 자재와 구조 등은 알 수 없으므로 임장은 필수다. 전산에 나온 금액 외에도 현장을 직접 가보고 매매가에 영향을 주는 요인이 있으면 임장보고서에 적는다. 그리고 그 임장보고서 내용을 바탕으로 공인중개사에게 문의하면서 좀 더 디테일하게 시세를 맞춰나간다. 이런 과정이 익숙해진다면 발품 파는 임장 활동을 제외하고 공인중개사사무소에 전화 돌리는 시간을 한 물건당 1시간 이내로 끝낼 수 있다.

이렇게 조사를 해야 감정가에 현혹되지 않고 나만의 기준을 만들어 입찰할 수 있다. 1시간 투자로 (낙찰받은 이후) 몇 개월 이상 팔리지 않아 받는 스트레스를 없앨 수 있다. 만족스러운 시세차익 또한 얻을 수 있다.

지금까지 말한 철저한 분석 끝에 법인으로는 처음으로 빌라 물건을 낙찰받았다.

3 3단계: 빠른 매도가 가능한 빌라를 낙찰받다

철저한 권리 분석과 빌라 시세를 조사하는 법을 발전시킨 후에 법인을 세우고 받은 첫 물건은 상계동에 있는 빌라였다. 원래 낙찰받은 사람이 있었으나 잔금을 치르지 않아 다시 경매로 넘어온 재매각 물건인 동시에 선순위 임차인이 있는 물건이다.

낙찰받은 물건에는 전세로 임차인이 거주하고 있었고 전입일자는 2015년 3월 3일로 근저당(2018년 6월 11일)보다 먼저 전입해 낙찰자가 인수해야 하는 선순위 임차인이 있다. 하지만 확정일자를 2015년 3월 4일에 받았고 배당 요구도 배당 요구 종기일 전까지 신청한 안전한 물건이어서 입찰했다(만약 배당 요구 종기일까지 배당 요구를 신청하지 않는다면 낙찰대금 외에 임차인의 전세보증금을 전액 인수해야 하니 주의한다).

매도하기 쉬운 물건을 찾아라

당시 경매에 나온 물건 주변의 빌라 대부분은 연식이 오래됐다. 경매에 나온 물건은 2012년에 준공했고 주변 물건들과는 대부분 최소 10년 이상 차이가 났다. 해당 연도는커녕 2000년 이후 지어진 물건도 거의 없어서 어느 정도 경쟁력이 있다고 판단했다.

잔금을 내지 않은 낙찰자가 적었던 금액보다 높게 입찰가를 적었고 그 결과는 낙찰이었다. 2등보다 1,000만 원 더 적었지만 추후 매도 수익을 생각하면 크게 아쉽지 않았다. 필자만의 기준을 잡은 후에는 흔들리지 않고 입찰가를 산정할 수 있게 된 점도 한몫했다.

법인을 세운 이유는 양도소득세에 대한 부담이 상대적으로 덜했기 때문이다. 단기 투자 목적을 갖고 법인으로 입찰했다. 그래서 앞에서 말했던 시세 조사 외에도 1가지 더 고심했던 부분이 있었다. 바로 물건 입지에 대한 부분이었다. 처음에는 낙찰을 저렴하게 받은 부분까지는 좋았으나 생각보다 빠른 매도가 진행되지는 않았다. 물론 꾸준하게 월세가 들어온다는 점은 참 좋았으나 빠른 매수와 매도(단기 투자)를 통해 더 높은 금액의 또 다른 물건에 입찰하고 싶었다. 그래서 이번에는 저렴하게 받는 것도 중요하지만 반드시 빠른 매도가 가능한 물건으로 낙찰받고 싶었다.

빠른 매도는 어떻게 할 수 있을까? 저렴하게 파는 것도 방법이다. 하지만 거래가 잘되지 않는 지역에서는 저렴하게 내놓아도 매도가 잘되지 않기도 한다. 그리고 저렴하게 매도하기 위해서는 더 저렴하게 낙찰을 받아야 한다. 아파트는 환금성이 좋아 빨리 매도가 되므로 낙찰받고 싶었지만 당시에는 수중에 돈이 많지 않았다. 한정된 자금으로 인해 빌라만 골라야 했다.

그렇다면 어떻게 해야 할까? 고심을 해보고 낙찰받은 사례들을 보면서 고르는 기준을 정리해갔다. 필자가 찾은 기준은 생각보다 간단하다. 누구나 따라 할 수 있다. 이 단순한 기준들을 지키는 것만으로도 안정적이고 빠른 매도가 가능하니 무척 의미가 있다.

하나, 역에서 700미터 이내 지역을 찾는다. 환금성이 상대적으로 떨어지는 빌라를 좀 더 빨리 매도하기 위해서는 어느 정도의 수요가 있어야 한다. 그래서 수요가 몰리는 역 주변을 중심으로 본다. 지방은 상황에 따라 다르지만 서울 및 수도권에서는 역이 수요에 큰 영향을 미친다. 다른 사람들의 낙찰가와 해당 지역의 실거래가를 보고 어느 정도의 기간 동안 비슷한 물건이 얼마나 많이 거래됐는지 확인한다. 역 주변의 빌라 대부분은 거래가 활발하므로 매매 가격도 크게 변동이 없다. 수요가 꾸준히 뒷받침되기에 가능하다.

필자도 역을 기준으로 경매 물건을 찾아봤다. 보통 역세권이라고 하면 500미터 이내 물건인데 그 이내만으로는 경매 물건의 양이 부족한 감이 있었다. 그래서 역에 갈 때 부담을 느끼지 않고 걸어갈 수 있을 만한 거리 정도만 돼도 충분히 수요가 있다고 생각했다. 그러한 거리로는 700미터 정도, 시간은 10분 정도로 판단했다. 그렇게

역에서 도보로 걸어갈 수 있는 지역을 선정했다.

그렇다고 역만 있으면 될까? 2021년 12월 기준으로 서울 및 수도권에 있는 역은 600개가 넘는다. 이 600개 역 주변의 빌라가 전부 거래가 잘 될지는 모른다. 그래서 다른 기준을 하나 더 세웠다.

둘, 학교 유무다. 대학교를 제외하고 초등학교, 중학교, 고등학교가 주변에 있는 지역을 또 다른 기준으로 정했다. 물론 이 학교도 도보로 이용이 가능해야 했다.

초중고가 전부 있다면 더할 나위 없지만 그런 지역에 들어가려면 소액으로는 부족했다. 그래서 역이 주변에 있고 초등학교만 있거나 초중고 3개 중 2개 학교만 있으면 충분히 수요가 있다고 판단했다. 물론 상업시설이라든지, 주변 생활환경도 빌라 시세에 작용하는데 역 근처에다 학군이 잘 갖춰져 있다면 생활 인프라도 어느 정도 잘 되어 있는 편이었다.

셋, 실거래 개수다. 앞에서 말한 단순한 기준 2가지를 바탕으로 물건을 검색한 다음, 실거래가 공개시스템을 이용해 시세를 파악함과 동시에 6개월 또는 특정 기간 동안 얼마나 거래됐는지 거래 개수도 확인한다. 얼마나 거래가 됐는지 본 다음, 지정한 달을 나눠 한 달에 어느 정도 거래가 있었는지 확인하면 거래가 잘되는 지역인지, 아닌지를 알 수 있다. 지속적으로 거래가 되고 있다면 계속 수요가 발생하는 지역으로 생각할 수 있으므로 입찰에 참여한다.

> 평균적으로 중고등학생을 둔 부모보다 초등학생을 둔 부모의 자금이 상대적으로 낮다. 부모 나이가 어려 사회에서 일한 기간이 적기 때문이다. 그래서 초등학생을 둔 부모라면 아파트보다 빌라에 거주할 확률이 높으므로 주변에 초등학교가 있는 입지가 더 유리하다.

서울에는 완화된 기준을 적용한다

지금까지 말한 기준으로 접근하지만 서울 내 빌라는 예외다. 역이 주변에 없어도 서울 내 빌라는 전부 본다. 역이 없더라도 기본적인 인프라가 갖춰져 있고 수요가 항상 있어서 매매도 다른 지역보다 활발하기 때문이다. 그래서 앞에서 말한 기준보다 좀 더 완화해서 여유롭게 잡고 입찰에 참여한다.

서울 내 빌라에 입찰할 때도 앞에서 말했던 실거래가 공개시스템에 꼭 들어가 꼼꼼하게 확인한다. 실거래가 공개시스템에서 거래량을 확인한 후, 거래가 잘 이뤄지고 있는 지역일 경우에만 입찰에 참여한다. 지하철도, 학군도, 거래량도 없다면 아무리 서울이라도 입찰하지 않는다. 그런데 서울에는 그런 지역은 거의 없는 듯싶다.

이러한 기준을 잡고 법인으로 낙찰받은 빌라는 상계역에서 800미터 내 거리에 있었고 옆에 초등학교가 있었다. 물론 거래량 또한 많았다. 분명 수익을 낼 수 있는 물건이라고 판단했고 낙찰을 받았다

(입찰은 총 5명이 했다). 해당 물건은 명도받은 후 2주 만에 매매 계약이 이뤄졌다. 매도와 수익을 통해 다시 한번 입지의 중요성을 확인하면서 필자가 정한 기준이 괜찮은지 몸소 실감했던 경험이었다.

그 후 필자는 최저가가 저렴해도 입지가 좋지 않으면 입찰에 신중했다. 시간은 곧 돈이다. 매매하는 시간을 줄여 다른 경매 물건 하나에 더 들어가 또 다른 수익 창출과 경험을 늘리는 게 자산이라고 생각한다. 이를 위해 앞에서 말했던 큰 틀을 지키면서 물건의 상황에 맞게 유동적으로 변화해 입찰하는 과정을 통해 필자만의 기준을 계속 발전시켜 좀 더 안전한 투자 방법을 고안하고 있다.

4 4단계: 명도, 그렇게 어렵지 않다

낙찰받은 물건의 선순위 임차인은 전액 배당을 받아갈 수 있었다. 또한, 거주도 4년 정도 하고 있었기에 들어오자마자 나가야 하는 사람도 아니었다. 그래서 명도는 생각보다 수월하다고 예상했다.

물론 명도에는 정도가 없다. 배당 상황에 따라, 명도 대상자가 누구냐에 따라, 개개인의 성향에 따라 전부 다르므로 유동적으로 맞춰 나갈 수밖에 없다. 필자가 법인이 아닌 개인으로 받았던 물건 중에 임차인이 전액 배당자(임차인 본인의 보증금을 전액 다 배당받을 수 있는 사람)면서 경매 과정에서 약간의 트러블(Trouble)이 있던 물건이 있었다. 임차인은 본인의 보증금을 전액 다 배당받으므로 금전적으로 손해 볼 일은 없었다. 그런데 왜 약간의 트러블이 있었냐면 임차인

외 예정보다 빠르게 이사 가야 했기 때문이다. 이 임차인은 더 거주하고 싶었으나 매도를 위해 물건을 낙찰받아서 이사해야 했다. 결과적으로 이 임차인은 이야기한 날에 맞춰 이사를 해줘서 깔끔하게 마무리가 됐다.

현장에서 명도는 개개인의 성향이나 상황에 따라 그 난이도가 무척 달라진다. 그렇지만 대부분은 대화만 잘 풀어나가도 전액 배당자 같은 경우에는 매우 수월하다. 낙찰자의 인감증명서와 명도확인서를 받아야만 배당을 받을 수 있어서 결과적으로는 협조를 해줄 수밖에 없다. 그러나 결과가 동일하다고 해도 과정까지 항상 좋을 수는 없으므로 상황에 맞게 잘 풀어가는 게 관건이라고 본다. '아 다르고 어 다르다'라고 대화를 어떻게 하느냐에 따라 명도 과정이 수월하다.

필자가 기존에 낙찰받아 명도했던 과정을 곰곰이 되짚어 보고 경매 책에서 명도 관련 내용을 봐도 역시 정해진 길은 없었다. 하지만 어느 정도 공통적인 내용은 있었다.

명도 대상자는 적이 아니다

우선 임차인과 싸우지 않는다. 겉으로 보기에만 그럴 수도 있지만 필자가 경험해보니 맞는 말이었다. 너무 유순하게 대하지 않되 강경하게 갈 필요는 없다. 낙찰자가 임차인에게 잘못한 것은 없지만 초반에는 낙찰자를 경계하고 어떤 말을 해도 잘 믿지 않는다. 이해하지 않으려는 것일 수도 있다. 그래서 처음에는 들어주는 태도가 좋다.

열린 자세로 대화에 임하면 임차인이나 채무자 같은 경우 어떤 사정이 있었는지, 어떠한 일로 경매에 들어갔는지 등 대략적인 내용을 낙찰자에게 알려준다. 그런 내용에 대해 공감하고 경청하는 자세로 들어주다가 낙찰자의 말을 받아들일 준비가 됐다고 판단될 때 말하는 것이다. 임차인이나 채무자에게 현재 상황이 어떠한지, 혹은 어떤 절차로 진행될지에 대한 내용을 간단하게 설명만 해주면 된다. 나머지 세부적인 내용은 내용증명으로 적어서 서면으로 보내는 것이 좋다. 관계는 유지하면서 거부감이 발생하지 않게 상황을 인지시키는 부분이 무척 중요하다.

명도 대상자와 대면했을 때 제3자인 척을 하는 방법도 있다. 말인즉슨 낙찰자는 따로 있고 본인은 낙찰자의 회사 직원인 것처럼 말하는 것이다. 이 물건과 관계되지 않은 제3자 화법으로 말하게 된다. 이렇게 하는 이유로는 명도 대상자와의 심리적 부담감을 줄이고, 공감을 유도하고, 제3자 입장에서 명도 대상자에게 객관적으로 상황을 전달하는 것에 목적이 있다.

예를 들어, 낙찰자를 회사의 대표로 설정하고 명도를 해야 하는 나는 회사 직원이라고 가정한다. 사실은 같은 사람이다. 낙찰자를 가상의 제3자로 만들어낸다고 생각하면 된다. 이는 실제 운영하는 법인이 있든 없든 상관없다. 명도 대상자를 내보낸다고 해서 내게 큰 이득이 되는 것은 없다는 등 중간자 입장에서 말하면서 명도 대상자의 고민을 들어주는 역할을 한다. 제3자 화법을 사용하는 것이다. 그러다 대화가 틀어지려 하면 같이 가상의 대표를 만들어서 험담하거나 설득을 시켜보겠다는 것처럼 명도 대상자의 입장을 대변해주는 식으로 하면서 임차인과의 대화를 이어가도록 하는 게 목적이다.

　필자도 시도를 해본 적이 있었다. 그런데 다음부터는 하지 않기로 마음먹었다. 우선 연기를 너무 못했다. 어느 정도의 연기가 필요한 일인데 필자는 그게 안 됐다. 얼굴을 보면서 거짓말도 못 했으며 특히 내 물건이라고 생각해서 그런지 생각처럼 쉽게 되지 않았다. 명도를 당하는 사람이라고 해서 바보가 아니다. 어설픈 거짓말은 상대방의 마음을 닫히게만 할 뿐이다. 그래서 그냥 솔직하게 말하기로 방향을 틀었는데 그게 더 필자에게 맞는 방식이었다.

　마지막으로 정말 말이 안 통하는 상대방과 명도를 이야기할 때도 방법이 있다. 마음처럼 쉽게 안 될 뿐이지 생각보다 간단하다. 아무리 설명해도 들으려 하지 않고 상황을 말해주면 화만 내는 사람과는 굳이 싸우면서까지 대화할 필요가 없다. 이런 사람과는 싸운다고 해도 중간에 협의가 되는 경우가 많지 않고 서로 감정만 상해 집 안에 무슨 짓을 할지도 모른다. 경매 절차에 따라 내용증명을 보내는 등 순차적으로 진행하면 된다. 계고할 때 명도가 되면 다행이지만 그렇지 않다고 해도 권리 분석상 이상이 없는 물건이라면 강제 경매까지 법원에서 도와주기 때문에 명도 대상자와 계속 접촉을 시도할 필요는 없다. 단지 그 시간을 견디는 게 힘들 뿐이다.

참고로, 정말 말이 안 통하는 상대방을 만날 수 있다는 생각에 입찰할 때 강제 집행 비용까지 입찰가에 반영해 참여한다(그래야 예상치 못한 강제 집행을 해도 손해를 보지 않고 수익을 낼 수 있다). 필자는 강제 집행 비용을 평당 10~13만 원 정도로 계산한다.

수익률 계산을 잘 하고 들어갔나면 결과적으로 달콤한 열매를 가져다줄 수 있으니 자신을 믿고 여유로운 마음을 갖기만 하면 된다. 외적인 부분은 법원에서 진행해줄 것이다.

명도 방법은 다양하다

명도 방법은 하나만 있는 것이 아니다. 만나서 말을 하거나 서면으로 할 경우 내용증명을 보낸다. 전화로도 명도를 진행할 수 있고 채무자가 이미 집을 비웠거나 임차인이 보증공사 등에서 보증금을 받고 나갔다면 문자만으로도 명도가 가능하다. 이처럼 다양한 상황에 따라 명도 방법도 달라진다.

임차인이 직접 경매를 신청한 경우라면 명도가 더더욱 편하다. 임차인은 나가고 싶어도 기존 소유자가 돈을 주지 않아서 경매를 신청한 것이므로 되도록 빨리 연락해서 명도를 진행하는 것이 좋다.

명도를 하는 낙찰자의 성향에 따라 명도 방법이 많이 달라진다. 임차인이나 소유자 등 명도 대상자와의 만남이 부담스럽다면 대면하지 않고 전화나 문자로만 진행할 수도 있다. 현장에서는 전화와 문자로 많이 진행한다. 내용증명과 같은 서류를 같이 보내면서 하는 방법도 좋다. 또한, 명도에 대한 부담이 덜히거나 대화로 잘 풀어나 갈 수 있다면 바로 찾아가 명도를 진행하기도 한다.

물론 어떤 방법은 좋고 어떤 방법은 나쁘다고 말할 수는 없다. 전액 배당자라도 성향이 좋지 않은 임차인이라면 전화만으로는 힘들 것이고 일부 배당자라도 현 상황을 알고 있다면 전화나 문자만으로도 가능할 것이다.

필자도 명도 대상자를 못 본 경우가 꽤 있다. 특히 소유자가 있는 물건이라면 낙찰자가 줄 서류가 없으므로 대화만 잘 통할 경우 굳이 만나서 협의하지 않았다. 이렇듯 어떠한 방법을 쓰든지 간에 결과적으로 명도는 진행된다. 방법의 차이만 있을 뿐이다.

내게 맞는 명도 방법을 고민하다

'내(필자)게 맞는 명도 방법은 무엇일까?'라며 고민하다가 '처음부터 대면할 필요 없이 문자로 먼저 진행을 해보면 어떨까?'라고 생각했다. 그래서 이번에는 방법을 바꿔 문자와 상황에 따라 전화로만 진행하기로 했다. 이번에 낙찰받은 물건도 전액 배당을 받는 임차인이라서 큰 저항은 없을 것으로 생각됐기 때문이다. 낙찰받은 주의 주말에 임차인이 거주하는 곳에 간단한 내용과 전화번호만 남겨두고 왔다. 주말이 지나고 평일 저녁에 연락이 왔다. 퇴근하고 확인한 것 같았다. 그렇게 바로 명도가 시작됐다.

전화로 명도를 해도 큰 틀은 같다. 임차인과 싸우지 않고 상황을 들어주는 것부터 시작해야 한다. 임차인의 상황을 들어보니 임차인도 바로 이사 가고 싶어 했다. 경매가 진행됐을 때 나갈 수 있나 했는데 못 나갔다면서 계속 경매 걸린 집에서 살고 싶지 않다고 했다. 미리 나가고 싶었으나 전세금이 묶여 있어 못 나가고 있다고도 했다. 임차인의 상황을 들은 다음, 현재 어떤 상황이고 언제쯤 잔금을 납부해 배당받을 수 있을지를 간단히 알려주고 전화를 끝냈다.

임차인은 배당받은 후에 나갈 수 있는 사람이었다. 그래서 현재 진행이 어떻게 되고 있는지에 대한 내용만 간간이 문자로 보내줬다. 배당 당일 아침에 임차인이 이사하고 있다는 문자와 함께 이사 중인 사진을 보내줬다. 그리고 배당 당일 오후에 법원에서 만나 명도확인서와 인감증명서를 전달해 주기로 했다. 배당받는 시간에 맞춰 법원에 방문해 임차인과 간단하게 대화를 나눈 후 서류를 줬다. 임차인은 전기, 수도, 가스도 정확하게 정산해 보여줬다. 작은 트러블 없이 명도가 마무리됐다.

그렇게 전화와 문자 몇 번으로 명도가 끝이 났다. 시간이 한 달 반 정도 소요됐다뿐이지 정말 원활한 명도였다. 물론 서로의 뜻이 맞았기 때문에 수월했을 수도 있었다. 굳이 대면하지 않아도 명도가 될 수 있다는 것을 몸소 배웠다. 요즘 같은 언택트 시대에도 맞는 방법이라 생각했고 이후 낙찰받은 물건들 전부 전화로 명도를 진행했다.

물론 이 물건보다 더 쉽게 끝난 경우도 많았으나 명도 방법을 바꾼 후 쉽게 진행됐던 첫 물건이라서 의미기 더 있었다.

지금도 좀 더 나은 명도 방법을 고민하고 있다. 명도 1,000번을 한다고 해서 전부 같은 방식으로 진행할 수는 없다. 해당 상황이, 개개인의 성향이 다 다르기 때문이다. 명도는 정도가 없다. 그렇기에 경험과 접목해 계속 보완해 나가야 한다.

명도는 결과가 아닌 과정을 원활하게 만드는 기술이라고 생각한다. 즉, 명도는 결과가 아닌 과정이 변화하는 일이다.

5

5단계:
법인으로 낙찰받은
빌라를 매도하다

명도가 끝나면 집 안의 상태를 봐야 한다. 이사를 마무리한 임차인에게 명도확인서와 인감증명서를 주고 바로 물건지로 갔다. 비밀번호는 이전에 확인했다. 이번에는 얼마나 수리를 해야 할까 생각하면서 두근거리는 마음을 안고 문을 열어봤다.

생각보다 상태가 깨끗했다. 낙찰받은 빌라는 2012년에 지어졌는데 10년이 채 안 되어서 그런지 내부 상태가 괜찮았다. 도배·장판 정도는 생각하고 있었는데 장미 벽지인 한쪽 벽면만 빼고는 하지 않아도 되어 보였다. 단지 이사 직후여서 그런지 발자국부터 해서 먼지가 상당히 많았다. 청소만 하면 문제없이 매도할 수 있을 것 같았다. 혹시 몰라서 차에 청소도구를 챙겨왔다. 내가 살 집이라 생각하고 바닥부터 싱크대, 유리 새시 등을 꼼꼼하게 청소했다. 10평도 안되는 공간을 청소하는 데 3시간 넘게 걸렸다. 그렇게 청소하고 나니 몸은 힘들고 밖은 이미 어두워지고 있었어도 마음만은 상쾌했다. 청소 후에 바로 주변에 있는 공인중개사사무소 수십 곳에 매물 정보를 돌렸다.

2주 만에 매매 계약서를 쓰다

공인중개사들에게 부동산 매도를 요청했을 때 물건이 괜찮으면 문자 반응이 다르다. 입지가 좋지 않은 빌라의 매도를 요청했을 때는 문자를 보내도 답장이 많지 않았다. 수요가 많지 않은 지역이라 초반에만 간간이 집을 보러올 뿐이었고 조금만 시간이 지나면 그나마도 오지 않았다. 하지만 수요가 많은 지역의 부동산이라면 확실히 공인중개사들의 반응이 많다. 수요가 많은 탓에 계속해서 새로운 손님들이 집을 보고 간다.

이 물건도 마찬가지였다. 서울에 있으면서 도보로 역 이용이 가능했고 초등학교도 가까우니 이틀의 한 번꼴로 집을 보러왔다. 보러오는 사람이 많으면 계약도 빨리 진행할 가능성이 높다. 아니나 다를까 6월 30일에 명도가 끝나고 매물로 올렸더니 7월 13일쯤에 계약하겠다는 사람이 나타났다. 집 상태가 너무 잘 정돈되어 있고 창문까지 깨끗하다면서 바로 계약하고 싶다고 했다. 역시 청소를 깨끗하게 한 보람이 있었다. 시각, 후각, 청각 등 다양한 감각으로 주택에 대한 긍정적인 영향을 주는 것이 중요하다는 생각을 했다. 그다음 날 매매 계약을 했다. 명도가 끝난 후 2주 만에 한 계약이었다.

빨리 매도하는 노하우

좋은 입지 외에도 빌라를 빨리 매도하는 방법에는 여러 가지가 있다. 이 중에서 괜찮은 방법 중심으로 이야기하고자 한다. 공인중개사에게 수고비를 더 얹어서 주는 것은 앞에서 말했다.

청소를 깨끗이 한 다음, 현관 앞에 슬리퍼 3개 정도를 놓는다. 공인중개사와 집을 보러 온 사람이 슬리퍼를 신고 집을 보기 때문에 집 안에 발자국이 덜 생기게 된다. 또 다른 방문자가 왔을 때도 깨끗하게 볼 수 있으니 거래가 될 확률이 좀 더 올라가게 된다. 슬리퍼 하나에 1,000원이면 구매할 수 있으니 3,000원으로 그 정도 효과라면 해볼 만하다.

다음으로 슬리퍼를 살 때 작은 방향제도 같이 산다. 필자는 2~3개 정도 사는데 냄새가 좀 나는 방이나 화장실, 현관 쪽에 주로 배치한다. 집 안에 들어올 때나 집 안을 살펴볼 때 후각적으로 향긋한 향이 나면 조금이라도 집에 대한 호감도를 더 높인다고 본다. 이런 방향제도 하나에 1,000원 정도다. 슬리퍼를 포함해 총 5,000원 정도면 나름 효과를 볼 수 있으므로 독자 여러분에게 추천한다.

마지막으로 집안에 전등을 전부 켜둔 상태에서 전기 스위치가 있는 두꺼비집을 내린다 그러면 켜져 있던 모든 불이 꺼진다. 이후 두꺼비집을 올리면 꺼져 있던 집 안의 모든 불이 켜진다.

어두운 상황에서 빛이 한 번에 켜지면 아무래도 시각적으로 자극이 될 수밖에 없다. 물론 좋은 쪽으로의 자극이다. 공인중개사에게 두꺼비집을 올리면 된다고 이야기하면 손님과 왔을 때 알아서 해준다. 사소해 보이지만 효과는 그 이상이다. 게다가 시간도 많이 들지 않으니 꼭 시도해보자. 필자도 그렇게 했고 처음 보이는 바닥부터 깨끗했으니 좀 더 집에 관심을 갖게 할 수 있지 않나 싶다.

4개월 만에 30% 넘는 수익을 얻다

그렇다면 법인으로 빌라를 낙찰받고 매매하는 데까지 어느 정도의 시간이 소요됐고 얼마의 비용이 들었는지 알아보자.

낙찰받은 금액은 9,566만 원 정도가 된다. 그리고 취득세와 법무비를 합쳐 220만 원 정도가 들었다. 대출은 4,400만 원을 받았다. 그런데 2주 만에 계약금은 받고 대출은 갚는 조건으로 계약을 해서 100만 원 정도의 은행 이자와 중도 상환 비용이 나왔다. 공인중개사에게 비용을 좀 더 얹어 줬다. 일반 중개 수수료보다 3배 정도 해서 줬는데 그게 200만 원 정도였다.

매도는 1억 3,500만 원에 진행했다. 차익은 대략 4,000만 원 정도였으나 대출받은 부분까지 합쳐 비용을 전부 더해보니 1억 80만 원 정도가 들었고 양도와 관련한 법인세, 추가세는 400만 원 정도가 들었다. 결과적으로 은행 대출을 제외하고 본인 부담금으로 5,680만 원이 들어갔고 계약금으로 절반 정도를 받고 대출을 상환해서 2주 동안 8,000만 원 정도의 실투자금이 들어갔다. 그 후에 잔금을 받아 3,000만 원 정도의 수익이 순수하게 발생했다.

이 모든 과정이 4월 27일 낙찰부터 계약 후 8월 21일 잔금받는 날까지 총 4개월이 채 안 되는 기간 동안 진행됐다. 대출 없이 총투자금을 8,000만 원이라고 가정해봐도 4개월 동안의 해당 물건 수익률은 30%가 가뿐히 넘어간다.

아주 작은 투자금액은 아니었다. 하지만 소액보다 더 높은 금액을 투자해 일반 사회초년생의 연봉을 4개월 만에 벌었다. 개인으로 진행했다면 절반밖에 못 얻었을 수익이었으나 법인으로 투자하면서 양도할 때 많은 이점을 볼 수 있다는 것을 몸소 체험했다.

그러나 6·17 대책, 7·10 대책이 실행되면서 법인에 대한 전방위 압박이 시작됐다. 다음 장에서는 쏟아지는 규제 속에서 필자가 부동산에 투자한 방법과 사례에 대해 이야기해보고자 한다.

6장

규제 속에서도
아파트 낙찰은 가능하다

1 아파트 시세는 어떻게 파악해야 하나?

투자금이 별로 없다면 앞에서 설명했던 빌라부터 투자를 시작했을 것이다. 하지만 계속 빌라에만 투자할 수는 없다. 시세차익을 크게 볼 수 있는 아파트에도 투자해야 경제적으로 자유로워지는 길에 한 발 더 다가갈 수 있다.

아파트 시세를 파악하는 것이 빌라보다는 쉽다고 하나 경매 현장에서 입찰가를 잘못 산정하는 경우를 의외로 많이 봤다. 요즘처럼 상승장에서는 일반 매매할 때와 비슷한 가격에 낙찰받았다고 해도 잔금을 납부하기도 전에 시세가 올라가기도 한다.

하지만 같은 가격으로 산다면 일반 매매로 사는 것이 낫다. 특히 급매로 사면 경매로 낙찰받는 것보다 더 저렴하게 살 수도 있다. 처음 경매를 하는 사람이 아파트 시세를 제대로 파악하지 못해 이런 실수를 많이 한다. 그래서 아파트 경매에 대한 내용을 알기 전에 빌라와는 다른 아파트만의 시세 파악 방법과 주의사항부터 알 필요가 있다.

아파트 시세 파악 방법

우선 단지가 형성되어 있는 아파트라면 생각보다 간단하다. 최근에 거래됐던 물건들을 본다. 매달 3건 이상이 거래됐다면 그 평균가보다 약간 낮은 금액을 매도 기준으로 잡고 수익률을 계산해 입찰하면 된다. 즉, 매도 가격을 보수적으로 잡고 입찰하라는 것이다. 시세가 올라가고 있지 않고 비슷한 층이라는 가정하에 매매가가 3억 3,000만 원, 3억 2,000만 원, 3억 4,000만 원이라면 평균인 3억 3,000만 원보다 약간 낮은 3억 2,500만 원을 기준으로 산정해 시세차익을 구하는 것이다.

계속 호가가 오르고 있는 지역이라면 약간 공격적으로 입찰해야 한다. 이때에는 가장 높게 매매가 된 물건을 기준으로 잡거나 인근 공인중개사사무소에 열심히 물어보면 좋다. 손품으로 볼 때보다 더 올라가 있는 경우가 많으니 꼭 확인해 본다.

아파트 입찰가 기준

필자의 강의를 듣는 수강생의 경우 수익은 얼마를 내야 하는지, 입찰 가격으로 얼마를 써야 하는지 등을 많이 물어본다. 필자의 가장 핵심적인 답변은 다음과 같다.

'본인의 기준에 맞게 써야 한다.'

투자자의 주관적인 부분이 많이 들어가기 때문이다. 어떤 사람은 경매 1건에 1,000만 원만 벌어도 된다고 생각하면서 공격적으로 입찰해 여러 물건을 낙찰받기도 하고, 어떤 사람은 여러 번 입찰해서 가끔 한 번 낙찰받아 1건에 3,000만 원 이상을 벌기도 한다. 정답이 없기 때문에 딱 잘라서 답해주기가 곤란하다. 물론 이렇게 말하면 초보자 입장에서는 선뜻 받아들이기 어려울 수 있다는 점을 충분히 공감한다. 필자도 처음에는 그랬다. 그동안 필자의 경험을 바탕으로 경매 입찰가 산정과 관련한 필자의 기준을 알려주고자 한다(아파트 기준).

필자는 1억 원 이하라면 1,000만 원 정도의 순수익을 얻기 위해 입찰한다. 그래서 1억 원짜리 물건이라면 8,000~8,500만 원 정도의 입찰가를 쓴다.

1~2억 원대 물건이라면 2,000만 원 내외의 순수익을 얻기 위해 입찰한다. 1억 8,000만 원짜리 물건이라면 1억 5,000만 원 초반의 입찰가를 쓴다.

2~3억 원대 물건이라면 2,000~3,000만 원 정도의 순수익을 보고 들어간다. 3억 원짜리 물건이라면 2억 6,000~2억 7,000만 원의 입찰가를 쓴다.

금액이 높아질수록 수익도 높게 잡고 입찰에 참여한다. 물론 주관적인 산정금액이고 필자는 보수적으로 가격을 산정하는 편이라서 낙찰을 자주 받지 못한다. 하지만 위험에 대한 리스크 대비 측면이 있고 1건당 수익이 괜찮아서 필자는 이 산정 기준을 자주 사용한다. 독자 여러분도 참고해서 본인만의 낙찰가 산정 기준을 만들어가길 바란다.

아파트 시세 파악 시 주의사항

첫 번째, 낙찰에만 목적을 두지 않는다. 시세 파악과 관계없이 낙찰에 목적을 두고 입찰하는 사람이 의외로 많다. 시세가 명확한데도 그보다 높은 가격에 낙찰을 받아놓고는 뒤늦게 시세를 확인하고 후회한다. 잘 이해가 되지 않지만 은근히 많다. 경매는 낙찰이 아니라 수익을 위한 것임을 명심해야 한다.

계속 패찰하다 보면 수익을 줄여서라도 낙찰을 받으려고 할 수 있다. 이때 줄이는 폭을 잘 결정해야 한다. 계속 패찰하면 간혹 판단력이 흐려지는데 신중해야 한다. 이는 아파트일 때뿐만 아니라 모든 경매 물건을 볼 때 주의할 점이기도 하다.

두 번째, 평수를 착각하면 안 된다. 32평을 25평으로 보는 것이다. 25평이 2억 원이고 32평이 2억 5,000만 원이라고 했을 때 2억 5,000만 원을 기준으로 2억 2,000만 원에 입찰가를 산정하면 낙찰받을 수밖에 없다. 그나마 32평을 25평으로 착각했다면 문제가 안될 수도 있지만 작은 평수를 큰 평수로 착각히고 입찰하면 보증금을 몰수당할 수밖에 없다.

세 번째, 같은 평형이라도 향과 타입을 봐야 한다. 요즘 아파트를 보면 같은 평수라도 A 타입, B 타입으로 구분해 구조가 다르거나 향이 다른 경우가 많다. 특히 바다가 보이는 아파트 같은 경우에는 같은 평수라도 가격 차이가 상당히 많이 난다. 그런데 시세 조사를 할 때 경매에 나온 평수와 같은 평수만 보고 타입을 보지 않는다면 높은 가격대에 형성된 그 가격을 기준으로 입찰할 수도 있다. 또한, 경매로 나온 아파트의 뷰에 공동묘지, 냄새 나는 시설 등 사람이 기피하는 것이 있다면 그렇지 않은 동보다 가격 차이가 많이 난다. 그러므로 경매에 나온 평수뿐만 아니라 타입, 향, 거실이 어느 쪽을 향하고 있고 그곳에 무엇이 있는지까지 확인해야 한다.

평수는 같은데 타입이 4개 이상 있는 아파트도 있다. 그렇다면 경매에 나온 물건의 타입을 어떻게 알 수 있을까? 경매 사이트나 대법원에서 확인 가능한 감정평가서를 보면 경매 물건의 대략적인 내부 구조도를 볼 수 있다. 이 그림과 네이버 부동산에 단지 정보를 누르면 나오는 타입과 비교해보는 것이다. 좌우 반전이 있는 사진도 있으니 유의한다.

더 쉬운 방법도 있다. 경매에 나온 물건을 네이버 부동산에서 똑같이 검색한다. 그리고 '동호수/공시가격'을 클릭해보면 평형 정보가 보인다. 그곳에서 내가 찾는 동, 호수를 찾아보면 어떤 타입인지 알 수 있다.

이러한 타입 찾는 방법은 아파트에 입찰할 때 반드시 필자가 확인하는 사항 중 하나다.

네 번째, 나 홀로 아파트(단독 아파트)에 입찰할 때에는 일반 아파트보다 더 주의한다. 신축이라면 고분양가일 가능성이 높기 때문이다. 그래서 나 홀로 아파트에 입찰할 때는 매매 가격만 보지 말고 주변의 비슷한 평수의 빌라 가격(물론 시세는 동일한 평수의 빌라보다는 높을 것이다), 주변에 있는 대단지 아파트나 나 홀로 아파트의 시세까지 같이 파악한다. 해당하는 아파트의 매매 가격이 시세라고 생각하면 잘못된 낙찰가를 산정할 수 있다.

마지막으로 관리비를 꼭 확인하고 이를 낙찰가에 반영해야 한다. 빌라와 달리 아파트는 매달 적으면 몇만 원, 많으면 수십만 원까지 관리비가 나온다. 문제는 이 관리비를 경매 물건에 거주하고 있는 사람이 잘 내지 않을 수 있다는 것이다. 특히 경매 물건의 소유자(채무자)가 산다면 미납된 관리비가 있을 확률이 높다. 입찰 전에 아파트 관리소에 방문하거나 전화로 미납금액을 확인한다. 미납금액이 300만 원이라면 필자는 원래 쓰려던 입찰금액에서 300만 원을 제

외하고 입찰한다(관리비에는 전용 부분과 공용 부분이 있는데 대법원 판례

상 공용 부분만 낙찰자가 납부할 의무가 있다).

　미납금액이 낮으면 상관없지만 미납금액이 높으면 더욱 주의한다.

반드시 관리비까지 확인하고 입찰하자.

1단계: 입찰을 피해야 하는 물건은 정해져 있다

이번 장에서는 규제 이후에 12%가 넘는 취득세를 내고도 낙찰에 성공해 꽤찮은 수익을 얻었던 방법과 노하우 등을 공유해보고자 한다. 권리 분석에 대한 안전한 권리들과 후순위에 있더라도 절대 입찰하지 않는 권리에 대해 알려주면서 필자가 경매 물건을 볼 때 어떤 식으로 보는지에 대한 팁부터 알려주려고 한다.

들어가기에 앞서 다음에 이야기하는 10가지의 권리가 등기부등본에서 확인된다면 초보 투자자일수록 가능하면 피하거나 철저하게 조사한 다음에 입찰한다(아파트가 지어진 토지에 철도공사와 같은 공공기관에서 선순위 지상권을 설정하는 것처럼 문제가 없는 경우도 있다). 필자는 강의할 때 처음 입찰할 물건에 다음에 이야기하는 권리가 보이면 권하지 않는다. 첫 경매를 원활하게 진행해야 앞으로 계속 경매를 할 수 있다는 자신감도 붙고 지속하는 힘을 얻을 수 있기 때문이다.

입찰은 하지 않더라도 어떠한 권리인지는 알아야 피할 수도, 입찰할 수도 있으므로 그 권리들에 대해 알아보도록 하겠다.

말소기준권리보다 선순위, 소멸하지 않는 권리

① 선순위 보전가등기

② 선순위 전세권

③ 환매특약등기

④ 선순위 지상권

⑤ 선순위 지역권

⑥ 전 소유자의 가압류

⑦ 법정지상권

⑧ 유치권

⑨ 전액 배당받지 못한 임차권(대항력 있는 임차인의 경우)

⑩ 선순위 가처분

참고로, 예고등기 관련해서 알아둘 점이 있다. 부동산등기법 113조 부칙에 따라 2020년 2월 4일 일부 개정 법률의 시행일까지 말소되지 않은 예고등기는 직권으로 말소한다고 했고 시행일은 공포 후

6개월 이후인 2020년 8월 5일이다. 따라서 이제 더 이상 등기부등본에서 예고등기는 볼 수 없으니 앞에서 말한 10가지만 보면 된다.

첫 번째, 선순위 보전가등기를 구분하는 방법은 먼저 법원 문건 접수 내역을 확인해 낙찰자 인수사항이 있는지 판단하면 된다. 가등기권자가 채권을 부동산이 아닌 채권(돈)으로 받는다면 법원에 채권에 대한 계산서를 제출한다. 그러면 법원 문건 접수 내역에 가등기권자가 채권계산서를 제출했다고 기재가 되는데 이는 입찰하는 사람도 확인이 가능하다. 이를 확인하고 제출했다면 가등기가 안전한 권리, 즉 낙찰자가 인수하지 않는 권리라고 생각하면 된다.

그다음 방법으로는 가등기권자가 경매 신청을 한 경우다. 가등기권자가 직접 경매를 신청했다면 이는 보전가등기로 보지 않는다.

지금까지 말한 2가지가 아닌 가등기라면 되도록 입찰을 피하는 것이 좋다. 가등기권자가 소송에서 승소해 본등기를 갖고 낙찰받은 물건에 대한 소유권을 주장할 수 있기 때문이다. 채권계산서나 배당요구, 경매 신청을 하지 않은 이상 입찰하지 않는 게 안전하다.

두 번째, 선순위 전세권은 다른 말소기준권리보다 앞서 설정되며 전세권을 설정한 사람(법인)이 해당 부동산을 사용 및 수익을 낼 수 있다는 권리다.

세 번째, 환매특약등기는 현재 매도한 부동산을 5년 안에 약정했던 금액에 다시 매매하는 것을 말한다. 예를 들면, A가 B에게 C라는 부동산을 매매하면서 2년 후에 1억 원을 줄 테니 다시 B가 A에게 C

라는 부동산을 매도해야 한다는 약정을 등기부등본에 기재해놓는 것이다.

> A가 B에게 → 조건부 C 매도
> 한매특약등기 가입일자로부터 5년 이내 A가 B에게 → C 돌려받음

네 번째, 선순위 지상권은 타인의 토지 위의 건물, 기타 공작물 등을 소유하기 위해 타인의 토지를 사용할 수 있는 권리다.

예를 들어, 토지에 선순위 지상권을 공익 목적으로 설정하는 경우가 있다. 지상권은 그 땅의 상하에 전부 설정이 가능한데 땅 위에 설정하는 경우로는 터널, 광고 시설, 고압선 등이 있다. 또한, 지하철이나 GTX처럼 땅 아래에도 지상권을 설정할 수 있다. 땅의 위, 아래의 범위를 정해 구분해서 지상권을 설정했다 하여 구분지상권이라고 부른다(실제 등기부등본에도 구분지상권으로 기록된다). 이는 물권이기 때문에 토지 소유자가 바뀌더라도 지상권이라는 권리로 토지를 사용할 수 있는 권리를 주장할 수 있다. 경매로 낙찰받아도 마찬가지로 적용된다. 선순위 지상권이 있는 토지를 낙찰받은 낙찰자는 일정 기간 동안 토지 지료 외에 해당 토지에 있는 건물을 철거할 수 없다. 앞에서 언급한 고압선, 지하철 노선과 같은 선순위 지상권은 낙찰자 인수사항은 맞지만 부동산 거래를 할 때 제한되는 부분은 없다. 즉,

하자 없는 일반 물건과 똑같다고 보면 된다. 앞에서 언급한 지상권이 있는 물건을 낙찰받고 매도하는 경우에도 일반 물건을 매도할 때와 차이가 없으며 등기부등본 권리상 안전한 물건이다.

다섯 번째, 선순위 지역권은 자기 토지의 이익을 위해 남의 토지를 사용할 수 있는 권리다. 옆의 토지를 이용해 (예를 들어) 자재를 자기 토지까지 옮기는 것과 같이 건물이 아닌 자기 토지에 편익을 이용하기 위한 권리를 말한다. 지역권도 지상권과 마찬가지로 선순위의 권리라면 낙찰 후 낙찰자에게 인수된다.

여섯 번째, 전 소유자의 가압류란, 전 소유자에 의해 가압류가 설정됐다는 것을 말한다. 부동산을 매수한 사람의 전 소유자에게 설정된 가압류가 있다면 매수한 사람의 채권자가 경매를 신청할 경우 낙찰자는 전 소유자의 가압류를 인수하게 된다.

예를 들어보자. 전 소유자 D가 채권자 E에게 돈을 빌렸다. 채권자 E는 가압류를 걸어놓았다. 이 상황에서 D는 F에게 매도했고 F가 현 소유자가 됐다. 현 소유자 F의 채권자 G가 경매 신청을 하면 채권자 E의 가압류는 낙찰자 인수사항이 된다. 이를 구별하는 방법은 간단하다. 매각물건명세서에 인수라고 되어있다면 입찰하지 않으면 된다. 그 외 경우는 낙찰자 인수사항이 아니다.

일곱 번째, 법정지상권은 토지와 건물의 소유자가 원래 같았으나 어떤 사정에 따라 토지와 건물의 소유자가 각각 달라졌을 경우 건물의 소유자에게 건물을 사용하고 수익 낼 수 있도록 법적으로 보호하는 권리다. 즉, 토지 소유자는 건물 철거 특약이 없는 한 건물의 철거를 진행할 수 없다.

여덟 번째, 유치권은 유가증권, 다른 사람의 물건 등을 담보로 채무자에게 빌려준 돈을 받을 때까지 이에 대한 점유를 주장할 수 있는 권리다. 전당포에 시계를 얼마에 맡겼을 때 전당포 주인은 빌려준 돈을 받으면 시계를 돌려주고, 주지 않으면 돌려주지 않아도 되는 것과 같다. 즉, 채권을 돌려받을 때까지 물건이나 증권 등에 대한 점유를 할 수 있다.

법정지상권과 유치권은 등기부등본에 나타나지 않는 대신 매각물건명세서에서 확인이 가능하다. 말소기준권리보다 나중에 접수되었다고 해도 낙찰자가 인수할 수 있는 권리다.

아홉 번째, (대항력 있는 임차권 중에서) 전액 배당받지 못한 임차권은 낙찰자 인수사항이 된다. 임차권은 실무상 임차인이 전·월세 계약을 했던 부동산에 거주하고 있지 않더라도 대항력을 그대로 유지할 수 있는 권리다. 이에 따라 임차인의 전입 신고가 말소기준권리보다 빠를 경우 전액 배당받지 못한다면 낙찰자가 남은 금액을 인수해야 한다.

열 번째, 선순위 가처분은 다툼이 있는 권리관계에 대해 임시의 지위를 정해야 하는데 이때 법원이 권리관계에 대해 확정 판결이 날 때까지 임시로 설정해두는 권리 혹은 금전채권 외의 청구 건에 대한 집행을 보전하기 위해 법원이 설정한 일시적인 명령을 말한다. 건물 철거 및 토지 인도 청구 소송에서 채권자가 승소하면 채무자의 물건을 낙찰받은 낙찰자는 해당 부동산을 승소한 채권자에게 부동산을 철거당하거나 빼앗기게 된다.

말소기준권리보다 후순위지만 소멸하지 않는 권리

지금까지는 말소기준권리보다 선순위에 있는 권리들을 알아봤다. 이 권리들은 전부 낙찰자의 인수사항이므로 주의해야 한다. 그런데 특이하게도 말소기준권리보다 늦게 등기나 접수가 됐지만 낙찰자가 인수해야 하는 권리들이 있다. 다행히 많지 않고 이미 독자 여러분이 본 것들이다. 앞에서 말한 10가지 중 7번부터 10번까지의 권리는 말소기준권리보다 늦게 접수가 돼도 주의해야 한다(가처분의 경우 앞에서는 '선순위'지만 여기서는 '후순위'다).

① 법정지상권
② 유치권
③ 전액 배당받지 못한 임차권(대항력 있는 임차인의 경우)
④ 후순위 가처분

법정지상권과 유치권은 법원에서 제공하는 서류인 매각물건명세서에 적혀있으며 접수된 날짜가 말소기준권리보다 늦더라도 권리가 성립된다면 낙찰자가 인수해야 한다.

(전액 배당받지 못한) 임차권은 말소기준권리보다 후순위에 있는 경우가 대부분이다. 임차인이 있다면 전입 신고일자와 확정일자, 배당 요구 종기일을 봐야 한다. 전입신고 일자가 말소기준권리보다 빠르면 임차권이 후순위라고 해도 낙찰자 인수사항이 된다. 전입 신고가 말소기준권리보다 늦는다면 입찰해도 안전하다.

마지막으로 가처분의 경우 후순위라면 건물 철거 및 토지 인도 가처분일 때만 낙찰자 인수사항이며 그 외에는 권리 분석상 안전하다.

낙찰자 인수 권리, 서류 1장으로 확인하기

낙찰자에게 인수되는 권리들을 한눈에 확인할 수는 없을까? 다행히도 있다. 물론 등기부등본이나 임장 활동을 선행한 후에 다시 한번 확인하는 절차지만 처음 시작하는 투자자라면 다음의 서류 1장으로 인수해야 하는 권리들을 확인하고 피할 수 있다.

현황 조사를 할 때 조사된 임차인이 있다면 임차인 이름과 보증금, 임대차 기간, 전입 신고나 사업자등록 신청일자, 확정일자, 배당 요구 여부와 언제 배당 요구를 했는지까지 확인할 수 있다. 따라서 임차권이 설정되어 있다면 임차인의 전입일자가 말소기준권리보다 빠른지 혹은 늦은지 확인이 가능하다.

다음으로 '등기된 부동산에 관한 권리 또는 가처분으로 매각으로

매각물건명세서

2021타경5▨▨▨▨

사 건	2021타경5▨▨▨▨ 부동산강제경 매		부동산물건번호	매각 물건번호	1	작성 일자	2021.10.25	담임법관 (사법보좌관)		방▨▨
부동산 및 감정평가액 최저매각가격의 표시	별지기재와 같음			최선순위 설정		2015.10.21. 근저당권		배당요구종기		2021.06.07

부동산의 점유자와 점유의 권원, 점유할 수 있는 기간, 차임 또는 보증금에 관한 관계인의 진술 및 임차인이 있는 경우 배당요
구 여부와 그 일자, 전입신고일자 또는 사업자등록신청일자와 확정일자의 유무와 그 일자

점유자 성 명	점유 부분	정보출처 구 분	점유의 권 원	임대차기간 (점유기간)	보 증 금	차 임	전입신고 일자, 사업자등록 신청일자	확정일자	배당 요구여부 (배당요구일자)
	102호	현황조사	주 거 임차인					2015.11.09.	
▨▨▨	전부	권리신고	주 거 임차인	2015.11.01.-현재까지	5,000,000	300,000	2015.11.09.		2021.04.15.

〈비고〉

▨▨▨ : 보증금 5,000,000원은 2018. 1. 16. 증액(발생)되었으며, 증액된 부분에 대하여 확정일자 없음.

※ 최선순위 설정일자보다 대항요건을 먼저 갖춘 주택·상가건물 임차인의 임자보증금은 매수인에게 인수되는 경우가 발생 할
수 있고, 대항력과 우선변제권이 있는 주택·상가건물 임차인이 배당요구를 하였으나 보증금 전액에 관하여 배당을 받지 아니한
경우에는 배당받지 못한 잔액이 매수인에게 인수되게 됨을 주의하시기 바랍니다.

등기된 부동산에 관한 권리 또는 가처분으로 매각으로 그 효력이 소멸되지 아니하는 것

매각에 따라 설정된 것으로 보는 지상권의 개요

비고란

주1 : 매각목적물에서 제외되는 미등기건물 등이 있을 경우에는 그 취지를 명확히 기재한다.
 2 : 매각으로 소멸되는 가등기담보권, 가압류, 전세권의 등기일자가 최선순위 저당권등기일자보다 빠른 경우에는 그 등기일자를
기재한다.

그 효력이 소멸되지 아니하는 것'에도 임차인의 보증금을 인수해야
하거나 그 밖의 낙찰자가 인수해야 하는 권리들이 적혀 있다. '매각
에 따라 설정된 것으로 보는 지상권의 개요'에는 지상권이나 지역권
등이 표기된다. '비고란'에는 기타 사항이 들어가는데 유치권, 법정
지상권 등이 여기에 표기된다.

이 서류 1장에 낙찰자가 인수해야 하는 권리들이 전부 확인되니
해당 서류를 보고 인수해야 할 권리가 있다면 철저한 조사 후에 들
어가거나 다른 안전한 물건을 찾아 입찰하는 것이 좋다.

처음 보면 무척 복잡해 보인다. 필자도 처음에는 설명을 들으면서
봐도 이해가 잘되지 않았고 실무적으로는 더욱 어려웠다.

매년 10만 건 이상의 경매 물건이 쏟아지는데 앞에서 말한 권리들이 있는 경우는 10%도 되지 않는다. 누군가는 10만 건에서 10%에 해당하는 특수 물건에 도전해야만 큰 수익을 얻을 수 있다고 한다. 물론 맞는 말이다. 하지만 큰 수익을 얻는 데까지 몇 년이 걸릴 수도 있다. 특히 노하우를 잘 알지 못하는 초보자라면 더욱 오래 걸릴 뿐만 아니라 마음고생도 심하게 할 수 있다.

그래서 경매에 처음 발을 들이는 독자 여러분이라면 나머지 안전한 90% 물건에 입찰을 권하고 싶다. 특수 물건이 아닌 물건, 소액으로 투자할 수 있는 물건에서도 충분한 수익을 얻을 수 있다. 필자도 그렇게 하고 있다.

3 2단계: 경쟁률 적은 물건은 항상 있다

　법인으로 투자를 시작하면서 앞으로 좋은 일만 있겠다 싶었다. 경매를 시작했을 때부터 법인이 좋다는 것은 알고 있었다. 경비 처리도 가능하고 양도 시 개인일 때보다 더 많은 수익을 얻을 수 있으므로 앞으로 수익이 더 많아질 것을 생각하며 즐거운 마음으로 법인을 세웠던 것 같다.

　그런데 6·17 대책과 7·10 대책이 한순간에 등장했다. 부동산 정책, 특히 법인에게 가해지는 규제는 기존 규제와 달랐다. 경매에서도 다르지 않았다. 동일한 규제가 적용되어서 경매 시장에 많은 혼란이 발생한 시기였다. 예전부터 경매 투자를 법인으로 진행하는 사람이 많았는데 공동주택과 같은 주거시설에 투자하는 법인은 투자를 멈출 수밖에 없었다. 주거시설에 대한 종부세 부담도 크게 늘었기에 더 이상 법인으로 장기 투자는 할 수 없게 됐다.

규제는 누구에게나 적용된다

6·17 대책, 7·10 대책과 같은 규제 속에서 정말 투자가 끝인가 생각해봤다. 그렇다면 아무도 입찰을 하지 않을까? 아니다. 무주택 자나 일시적 1주택자 같은 사람에게는 기회일 수 있다. 그러면 그 사람들만 입찰에 참여할까? 아니다. 그래도 누군가는 입찰할 것이다. 방법은 간단하다. 규제를 피해 갈 순 없으므로 규제를 안고 가면서 투자를 하는 것이다. 쉽지 않지만 하지 않는 것보다는 가능성이 높다. 물론 조정대상지역으로 지정되지 않은 비개발지역 내 공동주택 가격 1억 원 이하의 주거시설이라면 법인에도 1.1%의 취득세가 적용된다. 하지만 그보다 공동주택 가격이 높으면 12.4~13.4%의 세율이 적용된다.

법인은 더 이상 대출이 나오지 않으므로 투자할 수 있는 물건에 한계가 있었다. 법인을 세우면서 개인으로는 신용 대출을 최대한 받을 수 있는 곳을 찾았다. 직장인 우대 상품을 통해 적당한 금리에 괜찮은 금액을 받을 수 있었다. 그 금액으로 앞에서 말했던 상계동 빌라를 낙찰받은 것이었고 이번에도 신용 대출과 상계동 빌라를 매도하면서 얻은 수익을 바탕으로 투자금을 모았다(요즘은 대출 규제의 일

환으로 1억 원 이상 신용 대출을 받은 후 주택에 투자하면 대출금을 회수한다고 한다. 바꿔 말하면 1억 원 이하로 빌려서 하는 것은 괜찮다는 말이 된다)

참고로, 법인은 부동산 양도로 인한 수익이 발생하면 관련한 법인세, 추가세를 다음 해 4월에 납부하게 된다. 그래서 상계동 빌라에서 발생한 시세차익 3,400만 원을 전부 재투자할 수 있었다.

그렇게 빌라에 투자한 후 매도해 얻은 수익과 대출, 마지막으로 믿을 수 있는 지인의 돈까지 모으고 모아 최대 사용 가능 금액을 확인한 후 입찰에 참여했다. 근저당을 설정하면 추가로 돈이 더 들어서 지인의 돈은 공동 투자 형식으로 진행하기로 했다. 규제는 누구에게나 적용되므로 규제를 안고 투자를 시작하게 된 셈이다.

혼란스러운 정책 속에서 기회를 발견하다

필자는 입찰하지 않은 물건이라고 해도 다른 투자자가 낙찰받은 물건의 낙찰가율과 낙찰률, 그리고 입찰 인원을 확인한다. 특히 유동자금이 있어 경매에 입찰하는 시기에는 좀 더 꼼꼼히 살펴본다.

필자는 수익이 괜찮을 것 같은 물건을 한 달에 150개 내외로 관심물건으로 저장해 놓고 시세와 낙찰가를 비교해본다. 입찰할 때처럼 꼼꼼히 보는 것은 아니다. 아파트라면 네이버 부동산을 통해 비어있는 집과 전·월세가 껴있는 집의 시세와 낙찰가의 차액으로 비교한다. 빌라라면 네이버 부동산에 나와 있는 물건들의 대략적인 시세와 낙찰받은 물건의 가격을 비교해 분석하는 정도다.

여러 물건을 너무 자세하게 분석하면 들어간 시간 대비 얻는 게 크지 않다. 낙찰가와 대략적인 시세를 비교하면서 어느 지역에 얼마만큼의 입찰자가 모였는지, 어느 정도의 차액을 얻었는지, 이 지역의 낙찰가와 낙찰률의 흐름은 어떠한지 정도만 살펴보면 된다.

이렇게 확인하는 습관은 필자의 낙찰에 있어 좋은 영향을 주고 있다. 물론 시간이 오래 걸리고 입찰에 들어간 물건도 아니기에 귀찮을 수 있다. 하지만 계속 확인하는 습관을 들이면 추후 입찰할 때 어느 지역은 어느 정도 차익을 남기면서 낙찰받을 수 있을지에 대한 대략적인 감이 생긴다. 이런 흐름은 계속 변화하기에 꾸준히 보는 것이 낙찰 동향과 좋은 가격에 낙찰받을 수 있는 발판을 마련해줄 것이다.

비교적 최근으로는 2020년에 6·17 대책, 7·10 대책 등이 발표되면서 정책이 많이 바뀌었을 때가 기회였다. 모두가 혼란스러워하고 매수 심리가 위축됐을 때 낙찰의 기회가 보였다. 그 당시에도 입찰하고 있는 물건 외에도 다른 물건들의 낙찰 흐름을 보고 있었다. 부동산 대책 발표 이후 입찰 경쟁률은 눈에 뜨일 정도로 낮아졌다. 낙찰가와 낙찰률도 전보다 낮은 수준으로 떨어지고 실제로 물건들을 분석해 봤더니 경쟁률이 낮아지고 있었다. 반면 수익률은 높았다. 입찰자가 없어졌으니 당연한 결과였다. 그래서 계속 입찰에 참여했고 가능성이 보였다.

경매 물건 중에 신건에서 기회가 보였다. 이번에는 아파트를 낙찰받고 싶은 마음이 있어서 계속 아파트 입찰에만 참여했다. 빌라보다 입찰률이 높은 아파트를 받기 위해 한 번 저감되어 다른 사람들 눈에 많이 띈 물건보다 이제 막 나온 신건으로 눈을 돌렸다.

요즘은 아파트 가격이 많이 올라 신건도 인기가 많지만 6·17 대책과 7·10 대책이 발표된 지 얼마 안 되던 당시에는 경매에 신건으로 나온 아파트의 경우 입찰 인원이 상대적으로 적었다. 입찰 물건외 다른 물건들을 검토해보며 특정 지역의 입찰자가 유독 낮은 것이 보였다. 기회가 보인 것이다. 그 기회를 내(필자) 것으로 만들 준비는 끝났다.

취득세 12.4%를 낼 생각으로 입찰가를 산정하다

기회를 보았던 특정 지역은 경기도 시흥 쪽의 경매 물건이었다. 2021년 상반기 기준으로 시흥에 '광역교통 2030'과 같은 지하철 호재가 많이 있어 지금은 인기가 많지만 2020년 8월에만 해도 입찰자가 많지 않았다.

그 당시에 기회가 있다고 생각한 이유로는 새로 나온 신건이었고 무엇보다 그달에 해당 지역의 입찰 참여자가 상대적으로 적었다. 그달의 시흥에 있는 물건 중 필자가 골랐던 물건 4개가 전부 입찰 인원이 1명이었다. 그것도 빌라가 아니라 전부 아파트였는데도 불구하고 말이다.

그때는 부동산 정책이 나온 직후라서 신건이었으면 그러려니 했을 수도 있다. 그런데 1번씩 저감되어 70%로 나왔는데도 입찰 인원이 1명이었다. 어떻게 이럴 수 있지 싶었다. 생각해 보니 해당 지역의 경쟁률이 상대적으로 적어서 이번 물건에도 입찰자가 적지 않았을까 싶었다. 입찰에 참여하고 싶은 물건 또한 경매일 전에 많은 인원이 조회한 물건이 아니었다. 이것은 분명한 기회였다.

당시에는 회사를 다니고 있어 평일에 법원에 갈 시간이 전혀 없었다. 이런 때는 항상 대리인에게 부탁해 입찰에 참여시켰는데 마침 그날에는 대리인에게 일정이 생겨 갈 수 없었다. 하는 수 없이 어머니에게 연락했는데 어머니도 시간이 안 된다는 것이 아닌가! 이미 월차 등을 많이 사용해 여유가 없기도 해서 고민이 됐다. 예전 같았으면 그냥 내 물건이 아니거니 하고 포기했다. 지금까지 수십 건의 물건을 그렇게 흘려보냈기에 원래라면 별 대수롭지 않게 넘겼을 것이다. 하지만 이미 단독으로 낙찰받은 4건의 사례가 머릿속에서 떠나질 않았고 결국 회사에 반차를 제출했다.

갑작스러운 반차였지만 잘 처리가 되어 직접 입찰에 참여했다. 몇 개월 만의 입찰이었는지 모른다. 그날은 꼭 가야 할 것 같았다.

입찰 예상 인원은 대략 2명 이내였다. 그 당시 시세는 2억 원 중반 정도였고 신건으로 1억 8,500만 원에 나왔다. 최저가를 적으면 낙찰을 못 받을 것 같다는 생각이 들었다. 그래서 12.4%의 취득세를 감안해 최저가보다 500만 원 높은 1억 9,000만 원으로 입찰에 참여했다. 경매 물건에 대한 꾸준한 관심과 입찰, 그리고 경매 물건에 대한 분석이 어떠한 결과를 가져왔는지 이제부터 확인해 보자.

4 3단계: 꾸준한 입찰이 운을 부른다

정말 오랜만에 온 입찰장이었다. 법원으로 들어가려고 하는 차의 줄이 무척 길었다. '정책과 무색하게 사람은 언제나 많구나. 오늘은 내 예상이 틀렸나 보다' 싶었다. 줄이 길어서 입구에 도착했을 때는 입찰 마감 시간이 10~20분밖에 남지 않았다.

경매 초반에는 입찰할 때 법원에서 써야 해서 정말 부리나케 뛰어 갔다. 허둥지둥 서류를 작성하기도 했다. 당시만 해도 법원에 가면 땀이 안 난 적이 없었다. 여름이든 겨울이든 상관없이 항상 땀이 났 었다. 이제는 입찰 서류는 반드시 집에서 쓴다. 이번에도 마찬가지로 집에서 적어서 갔다. 현장에 가서 막상 쓰려고 하면 잘 쓰이지 않고 실수할 수 있기 때문이다. 특히 숫자를 제대로 썼는지 신경을 정말 많이 쓰기 때문에 물건 몇 개에 입찰하지 않아도 수십 분이 걸릴 수도 있다. 그런데 집에서 서류를 미리 준비해 간 후부디는 마음의 여유가 생기고 훨씬 안전하게 입찰에 참여할 수 있게 됐다. 이번에도 물론 그랬다. 시간이 얼마 남지 않았지만 이미 서류를 전부 작성했기 때문에 천천히 걸어가 입찰했다.

주차를 기다릴 때와 달리 생각보다 입찰 인원이 적었다. 최근 입찰 인원이 줄어들었다는 것은 전산으로 확인했지만 막상 눈으로 보니 또 달랐다. 원래 안산지원(수원지방법원)은 항상 사람이 많이 차 있었는데 이번에 갔을 때는 확실히 인원이 적었다.

필자는 일찍 도착해도 마지막까지 금액을 확인하느라 입찰 마감 시간쯤에 입찰하는 편이다. 그러면서 총 몇 명이 입찰했는지도 같이 확인한다. 응찰 인원은 30명밖에 되지 않았다. 그날 물건이 적어서 그런 것 같았다. 어찌 됐거나 평균 100명 넘는 인원이 입찰하는 곳에 그 정도의 응찰자라니… 느낌이 좋았다.

서류 작성 시 절대 실수하지 않는 방법

서류를 전부 준비해 간다고 했는데 필자가 서류를 준비하는 방법과 0 하나를 더 써서 1억 원짜리 물건을 10억 원에 낙찰받지 않는 방법을 공유해보고자 한다.

생각보다 0 하나를 더 적는 입찰자를 종종 보게 된다. 얼마나 억울

한가…. 그 입찰자는 시세도 열심히 파악해서 입찰에 참여했고 이제 낙찰받을 생각을 하고 있었는데 뜬금없이 숫자 하나를 더 적는 바람에 적게는 수백만 원, 많게는 수억 원까지 보증금을 몰수당할 수 있으니 말이다. 그래서 독자 여러분은 실수하지 않길 바라는 마음에 나름 노하우를 정리해봤다. 앞으로 0 하나를 더 적어서 보증금을 몰수당하는 상황까지 벌어지는 일은 결코 없을 것이다.

서류를 미리미리 준비해 놓는 것이다. 법원마다 다른데 서류(서류를 전부 넣는 대봉투, 보증금을 넣는 소봉투 등)를 나눠주는 사람이 없는 법원이라면 여유분으로 1~2장 정도 더 챙긴다. 만약 서류를 직접 나눠주는 법원이라면 1~2개 정도 더 달라고 하면 된다. 예를 들어, 2개의 물건에 입찰한다면 3개나 4개 물건에 입찰할 것이라고 말하면 된다. 그러면 2개는 현장에서 작성해 제출하고 나머지 서류는 추후 다른 물건을 입찰하기 전에 미리 집에서 완벽하게 써서 갈 수 있다. 사실 현장에서 입찰 서류를 작성할 때 잘못 작성할 것을 대비하는 차원으로 여분을 달라고 하는 것이니 상황에 따라 여유분을 챙기는 것이 여러모로 좋다.

그런데 생전 처음으로 법원에 가는 경우라면 아예 집에서 준비할 것이 없을까? 다행히도 있다.

정말 중요한 서류인 기일입찰표는 사전에 적어서 갈 수 있다. 이 또한 법원에서 받는 서류 중 하나로 타 법원에서 사용하기 힘들다. 필자도 초반에 법원에서 쓰느라 애를 많이 먹었다. 그러나 입찰 가격을 적는 정말 중요한 기일입찰표는 모든 법원에서 사용할 수 있는 양식이 있다. 법원경매정보 사이드(www.courtauction.go.kr)에서 '경매지식→경매서식' 순으로 들어가 다운로드받을 수 있다. 네이버에서 검색하거나 필자의 블로그(blog.naver.com/dbwogus0321)에서도 구할 수 있다.

전국에서 사용이 가능하기 때문에 어느 법원을 가든 기일입찰표만은 반드시 집에서 쓰도록 한다. 대봉투와 소봉투는 현장에서 간단히 쓸 수 있고 도장을 잘못 찍는 등의 큰 실수를 해도 낙찰이 되지 않을 뿐 소중한 보증금은 잃지 않는다. 하지만 기일입찰표는 다르다. 금액을 잘못 적었는데 낙찰이 된다면 잘못될 경우 보증금은 그대로 몰수당할 수밖에 없다. 간혹 사정을 봐주는 경우도 보긴 했으나 여러모로 힘든 시간을 가질 수 있으니 집에서 써야 함은 계속 강조해도 부족함이 없다.

필자는 기일입찰표를 다운로드해 컴퓨터로 양식에 맞게 적어놓는다. 이름, 주민등록번호, 주소, 전화번호처럼 변동이 없는 내용은 전부 적은 후 인쇄한다. 이러면 여러 물건을 입찰할 때 편하고 무엇보다 손이 덜 아프다. 한 번 더 안전하게 적기 위해 쓸 필요가 없는 금액의 칸은 회색으로 칠해놓는다. 회색으로 표시해두면 혹시나 모를 사고를 예방할 수 있다. 예를 들어, 내 자금이 억 단위까지만 가능하다면 10억 이후의 칸은 회색으로 칠해놓는 것이다. 물론 수기가 아닌 컴퓨터로 작업해야 한다.

그렇게 집에서 기일입찰표를 작성 후 사진으로 한 번 찍어 둔다. 그리고 사진을 보며 금액이 맞는지 다시 확인한다. 그 후 입찰 당일 출발 전에 다시 한번 금액이 잘 적혀져 있는지, 도장은 잘 찍혀있는지 확인한다. 마지막으로 법원에 가서 입찰 마감 전까지 다시 확인한 다음, 입찰에 참여한다. 기일입찰표에 적은 금액을 최소 3번 이상은 보게 되는데 이러면 금액 관련해서 실수하는 일은 절대로 없을 것이다.

운이 좋았지만 우연은 아니었다

입찰과 관련해 예상했던 인원은 2명이었는데 실제 입찰한 인원은 3명이었다. 그때 당시 서부지방법원과 안산지원 외에는 수도권 법원 전체가 코로나19로 인한 휴정 상태라서 인원이 더 늘어난 것일 수도 있었다. 참고로, 경매를 진행하는 법원이 많으면 그만큼 경매 물건이 많이 나온다. 물건이 많아지면 입찰하는 인원도 자연스레 분산될 확률이 높아서 여러 법원이 열리는 날에는 평균 입찰 인원이 낮아지는 편이다. 다시 말해 입찰 경쟁자가 줄어든다고 생각하면 된다.

법원 입찰 마감 시간이 지나자 경매가 시작됐다. 물건 하나하나 순차적으로 진행됐다. 드디어 필자가 입찰한 물건의 차례가 왔다. 그렇게 3명이 법정 앞에 섰고 느낌이 좋아서 그런지 낙찰 전인데도 이상하게 심장이 두근거렸다. 필자를 포함해 총 3명이 입찰에 참여했는데 그중 1명은 경매 최저가의 금액으로 입찰했다. 아마 필자가 없었다면 상당한 이득을 봤을 것이다.

남은 1명이 쓴 입찰 가격을 불렀는데 좀 이상했다. 2,000만 원? 법대 앞의 판사도 잘못 봤다고 생각했는지 작은 소리로 얘기하다가 잠깐 다시 본 후 얘기했다. 입찰금액과 보증금액을 반대로 적었다고 말이다. 그 1명은 2억 원이 약간 넘는 입찰금액을 보증금액에 적은 것이다. 앞에서 말했듯이 서류는 전날에 쓰는 것이다. 그래야 실수하지 않는다. 마지막 입찰자는 분명 오늘 입찰 서류를 썼을 것이다. 법원에서 쓰면 이러한 실수를 한 입찰자를 가끔 보게 된다. 그나마 입찰금액을 낮게 써서 다행이지 높게 썼다면 보증금은 몰수당했을 것이고 필자도 낙찰을 못 받았을 테니 서로에게 좋은 일이었다.

필자가 적은 금액보다 1,000만 원 더 높게 적었으나 기일입찰표의 보증금과 입찰금액을 반대로 적는 바람에 필자가 낙찰을 받게 되었다. 누구에게나 자기 물건은 있는 것 같다. 갈지 말지 고심하고 고심하다 몇 달 만에 방문한 법원에서의 낙찰이었다.

운도 따랐지만 경매에 꾸준하게 관심을 가진 결과물이라고 생각한다. 안 쓰던 연차를 오랜만에 사용했고 책과 현장에서만 봤던 실수로 인해 2등이 낙찰받은 경우가 필자에게도 생겼다. 실리콘밸리의 전설적인 투자자인 크리스 사카는 말했다.

"운이 좋았을 수도 있지만 우연히 생긴 일은 아니다."

필자는 이 물건 하나를 낙찰받기 위해 수십 군데의 임장과 시세

• 출처: 지지옥션

조사를 해왔다. 또한, 다른 사람이 낙찰받은 물건들을 꾸준하게 분석해왔으며 이 지역의 가능성이 높다고 생각해 연차까지 사용하며 입찰했고 마침 경쟁자의 실수까지 나와 좋은 결과를 만들 수 있었다. 수면 위로 올라온 빙하 아래에는 9배나 더 큰 빙하가 존재하는 것처럼 여러 시도 끝에 얻어진 결과라고 생각한다.

경매는 확률의 게임이다. 그렇기에 꾸준히 하는 사람은 항상 이길 수밖에 없다.

5 4단계:
전화 한 통으로도
명도는 끝난다

　1억 9,000만 원에 아파트를 낙찰받아 취득세 12.4%를 내야 하지만 돌아올 수익을 알기에 기분은 좋았다. 낙찰됐으니 이젠 명도를 진행할 차례다. 이번에 낙찰받은 물건은 명도가 쉽게 이뤄질 것 같았다. 잘 낙찰받아서가 아니라 그렇게 어렵지 않겠다는 느낌이 들었다. 명도에 답은 없으나 큰 틀은 있다고 했다. 큰 틀에서 봤을 때 이번 물건은 명도가 어렵지 않아 보였다.

　이번에 필자가 명도가 쉽겠다고 생각했던 이유와 물건 조사 때 명도 난이도를 파악하는 세부적인 방법을 공유해보려고 한다.

낙찰 전에도 명도의 난이도를 파악할 수 있다

입찰 전에 임장하면서 이 아파트에 누가 살고 있는지부터 확인을 했다. 우편함을 보니 생각보다 많이 쌓여있지 않았다. '살고 있는 건가?'라고 생각해봤는데 옆집을 통해 확인한 결과, 이미 몇 달 전에 이사를 나갔다. 그래서 빈집인 것을 알았다.

빈집인지, 아닌지 알게 된 방법이 또 하나 있다. 반대편 아파트에서 경매에 나온 아파트를 보는 것이다(확인되지 않을 때도 많다). 만약 빈집이라면 베란다 창문을 통해 반대쪽 창문이 같이 보인다. 짐이 없다면 베란다를 통해 반대쪽 경치나 빛이 들어오는 게 보이기 때문이다. 보통 거주하고 있다면 짐이 있어서 반대쪽 창문이 잘 보이지 않는다. '뚫어져라' 하면서 사생활을 관찰하라는 말이 아니다. 대략적인 짐의 유무만 확인하라는 것이다.

그렇게 이사는 갔고 짐도 거의 비어있는 것으로 확인된 상태에서 입찰에 참여했다. 짐이 비어있다는 가정하에 이사 간 임차인이나 채무자와 연락만 되면 상대적으로 명도가 수월해진다. 이미 그 집에 대한 미련이 많이 떠나있고 다른 보금자리에서 다시 시작하고 있을 수 있기 때문이다.

낙찰받은 후에도 확인한 사항이 있다. 대리인에게 부탁해 경매사건 기록 열람을 신청했다. 경매에 넘어간 물건의 채무자나 이해관계인 등이 확인되고 경매사건에 많은 내용이 담겨있는 서류라서 필자는 반드시 확인한다. 그 서류에서 파산 관재인이 확인됐다. 이미 이 채무자는 파산 신청을 신행한 싱대였다. 거주하고 있지도 않았다. 더 이상 본인의 집으로 생각하고 있지 않을 가능성이 높다고 추측했다.

전 소유자의 전화번호를 알아내는 방법

거주하고 있다면 쪽지를 남겨놓고 오면 되지만 이미 몇 달 전에 나간 사람이 쪽지를 볼 리가 없다. 이런 상황에서 전 소유자의 전화번호를 알아내는 방법이 있다.

첫 번째, 개인이 설정한 가압류가 있는 경우에는 경매사건 기록 열람에 개인 채권자의 전화번호가 적혀있다. 채권자가 회사라면 개인 정보의 사유로 알려주지 않는다. 하지만 개인 채권자의 경우 경매 내용을 가략히 설명해주고 양해를 구하면 채무자의 전화번호를 알려주기도 하니 시도해본다.

두 번째, 관리사무소에 문의한다. 관리사무소도 경매가 빨리 종결되고 소유자가 바뀌어야 그동안 못 받았던 관리비를 청구할 수 있는 사람이 생기기 때문에 알려주기도 한다.

세 번째, 우편함을 확인한다. 낙찰 후에나 잔금 납부 후에도 연락이 도저히 되지 않는 사람이라면 사용하는 방법이다. 이미 집의 소유권은 이전됐으나 채무자가 연락되지 않으면 우편함을 본다. 간혹 전화번호가 있는 우편물을 발견할 수 있다.

마지막 방법은 옆집, 위 또는 아랫집에 물어보는 것이다. 사정을 설명하면 알려줄 수 있다. 아파트보다 빌라에서 더 유용할 수도 있다. 옆집, 위 또는 아랫집 외에 해당 빌라를 관리하는 총무가 있기 때문이다.

필자도 이런 방법으로 연락처를 확인했다. 수말에 방문하기 전에 채무자와 통화를 했다. 예상이 맞았다. 이번에 낙찰받은 사람이라고 인사하면서 진행사항을 이야기하고자 전화했다고 하니 바로 비밀번호를 알려줬다. 당장 사용해도 된다고까지 얘기해줬다. 전화 한 통으로 명도가 끝났다.

관리비가 예치금 제외하고 93만 원 정도 밀려있었으나 이사비로 생각하기로 했다. 채무자가 거주했을 때의 금액도 아닐뿐더러 이미 파산한 상태에서 협상해봤자 서로의 얼굴만 붉힐 일이었다. 무엇보다 바로 명도가 되었기에 전혀 아깝지 않은 금액이었다.

누군가 남의 집 비밀번호를 바꿔놓았다

그렇게 낙찰받은 주의 주말에 기쁜 마음을 안고 찾아간다. 그런데 매번 일이 술술 풀리지는 않나 보다. 집의 비밀번호가 바뀌어 있었다. 다시 채무자에게 전화를 했다. 채무자는 그 비밀번호가 확실하다고 했다. 자신이 계속 살던 곳인데 틀릴 리 없다면서 배우자에게 다시 확인하고 연락하겠다고 했다. 몇 분 후에 전화가 왔다. 그 비밀번호가 맞고 마지막에 건전지까지 빼놨기 때문에 문이 잠겨 있을 리 없다고 했다.

전화를 끊고 곰곰이 생각해봤다. 전 소유자의 목소리에서 그럴 리가 없다는 느낌을 받았고 말하는 방식으로 봐서는 거짓말이 아닌 것 같았다. 그래서 파산 관재인, 관리사무소, 옆집에 물어봤으나 전부 비밀번호를 바꾸지 않았다고 한다. 이렇게 되면 문을 강제로 개문해야 하는데 아무리 채무자가 협조적이었다고 해도 비밀번호가 맞지 않으니 확실히 믿을 수도 없는 상황이었다. 만약 내 멋대로 문을 강제로 열고 들어갔다가 주거 침입으로 문제에 휩싸일 염려도 있었고 멀쩡한 도어록을 부숴야 했다. 안전하게 진행하려면 계고일자 때까지 기다려야 했는데 계고하는 기간만 2달은 족히 걸린다.

그래서 고민을 하고 있던 와중에 현관문 하단에 우유 투입구 마개가 눈에 들어왔다. 예전에는 우유 투입구 마개 구멍을 통해 도둑이 많이 들어온다고도 했다. 물론 요즘에는 우유 투입구 마개가 있는 현관문이 거의 없으나 예전에 지어진 아파트 현관문 하단에는 아직도 있다. 보통 방범 차원으로 우유 투입구 마개 입구를 열지 못하도록 막아놓는다.

이거다! 우유 투입구 마개를 막아놓는다고는 하지만 도구를 이용하면 우유 투입구 마개를 열 수 있을 것 같았다. 우유 투입구 마개를 열어 그 구멍으로 내부에 짐이 있는지 다시 한번 확인하고 전 소유자의 말처럼 짐이 없을 경우 구멍을 통해 장도리를 넣어 문고리를 내리면 문이 열릴 것이라고 생각했다. 문을 강제로 개문하는 것보다는 저렴하게 내부로 들어갈 수 있는 방법이었다.

혹시나 문제 상황에 대비해 채무자에게 다시 전화했다. 문을 강제로 열고 들어가도 괜찮은지 짐은 없는지 등을 물으면서 대화 내용을 녹음했다(참고로 당사자 간의 녹음은 동의가 없어도 문제가 되지 않는다). 그리고 문자로도 다시 확인을 받았다. 추후 문제가 발생할 경우를 대비한 안전장치였다. 물론 기존에 통화했던 모든 내용도 녹음이 되어있는 상태였다.

이런 상황이 발생할 수 있기에 보통 빠루라고 부르는 필자의 장도리가 차에 대기하고 있다. 첫 물건을 낙찰받을 때 창고 문을 딴 경험이 있어서 이런 일에 대비해 공구들을 챙겨온다.

우유 투입구 마개만 뜯어내려고 했는데 생각보다 약해 좀 더 섬세한 작업이 필요했다. 우유 투입구 마개 틈새를 장도리로 조심스레 두드려가며 벌려 나갔다. 그렇게 해서 이내 우유 투입구 마개를 장도리로 땄다. 그 마개를 걷어내고 구멍 안쪽을 통해 내부를 확인해보니 전 소유자의 이야기대로 짐이 하나도 없었다. 안심하고 장도리를 우유 투입구 구멍 안에 넣어 문고리를 잡고 내렸다. 생각대로 문이 스르르 열렸다.

문을 열자 어두운 복도와 달리 밝은 빛이 필자 눈에 쏟아졌다. 힘들게 열어서 그런 건가 했다. 그런데 그냥 채광이 좋은 것이었다. 내부는 밝고 상태도 생각보다 깔끔했다. 화장실 문은 복구가 안 될 정도로 망가져 교체하면 될 것 같았고, 망가진 우유 투입구 마개도 새 것으로 교체해야 했다. 그 외에는 도배·장판 정도만 하면 될 것 같았다. 화장실과 싱크대는 연식에 비해 깨끗해 보여 몇 년 전에 수리한 것 같았다. 그렇게 수리할 곳을 확인하고 모든 곳의 사진을 다 찍어뒀다. 추후 인테리어 견적을 낼 때 필요해서다.

낙찰받고 바로 명도가 됐고, 4일 만에 내부를 확인할 수 있었다.

6

5단계:
취득세 12.4%를 내고도 남는 투자

명도가 끝났으니 이젠 수리를 해야 할 차례다. 생각보다 수리할 부분이 많지 않아 오래 걸릴 것 같지는 않았다. 필자는 보통 수리해야 할 범위를 지정해 놓는데 바로 화장실, 싱크대, 도배, 장판, 조명 및 콘센트 등 5가지 부분이다. 그 외 새시, 필름 공사와 같은 인테리어는 잘 진행하지 않는다(최근 들어서는 도배, 장판, 필름, 조명 및 콘센트 정도는 혼자서 진행한다).

이 5가지가 가격 대비 인테리어 효과가 높고 공사 기간도 짧다. 보통 명도 후 모든 공정이 일주일 이내로 마무리가 되는 작업이다. 인테리어업체를 찾는 방법도 살짝 알려주겠다.

인테리어, 바가지 당하지 않는 방법

우선 도배와 장판은 웬만하면 진행하는데 네이버 지도에 낙찰받은 물건지를 검색한 다음, 도배면 도배, 장판이면 장판이라고 다시 검색하면 물건지 주변으로 인테리어업체가 여러 군데 나온다. 업체들에 낙찰 물건의 평수와 방 수, 그리고 명도 때 찍어놓았던 사진을 보여주면서 견적을 문의한다. 또는 인터넷에 도배, 장판이라고 검색하면 수많은 업체가 나오는데 그중에서 저렴한 가격에 애프터 서비스(A/S)도 가능한 업체가 있을 것이다.

엘리베이터가 있으면 보통 전용면적 $60m^2$는 100만 원 초반이면 합지 도배와 장판을 같이 진행할 수 있고 $84m^2$는 100만 원 중후반 정도면 가능하다. 엘리베이터가 없거나 빌라 같으면 가격이 약간 더 올라간다.

화장실 관련해서 인터넷 검색을 해보면 욕조가 없는 경우 100만 원 중반이면 인테리어를 해주는 업체를 발견할 수 있을 것이다. 타일이 깨끗할 경우 몇십만 원이면 리폼으로 진행하는 방법도 있으니 인테리어할 때 참고하면 좋다.

싱크대의 경우 인터넷 검색보다는 주변 업체에 많이 문의한다. 필자가 진행했던 경우 전부 인터넷 검색보다는 낙찰받은 물건 주변의 싱크대 전문업체들이 더 저렴했다. 해당 아파트는 싱크대가 깨끗해 공사하지 않았으나 과거 공사를 진행했을 때는 2.4~2.7미터 일자형 싱크대(가스레인지 비매립형)에 100만 원 초반 정도가 들었다. 가스레인지를 매립한다면 가스레인지 포함해서 150~200만 원 사이의 비용이 든다. 더 긴 4미터 이상의 ㄱ자형 매립형 싱크대로 공사했을 때는 200만 원 후반 정도가 들었다. 물론 공사를 맡은 업체에 따라 달라질 수 있다.

마지막으로 조명 및 콘센트를 수리하면 가격 대비 인테리어 효과가 좋게 나타난다. 어두운 방에 밝은 LED등만 달아도 집안이 화사해지는 효과가 있다. 일반적인 방의 LED등은 2~3만 원, 거실 LED등은 10만 원 내외로 구매가 가능하다. 조명과 콘센트는 도배할 때 추가 요금을 내면 같이 진행해주는 업체가 많다. 셀프로 할 시간은 없는데 조명이나 콘센트를 바꾸고 싶다면 도배업체에 견적을 문의할 때 같이 변경해주는지 물어보면 된다. 보통 방등은 개당 1~2만 원, 거실등은 3~5만 원, 콘센트는 개당 3,000원 내외로 교체가 가능하다. 교체 작업은 어렵지 않기 때문에 시간이 있다면 셀프로 하는 것도 좋은 방법이다.

12.4%의 취득세를 내고 얼마나 수익이 났을까?

이번 낙찰받은 아파트의 경우 낙찰금액에다 그 밖의 부대 비용까지 포함하면 총 얼마의 비용이 들었을까?

해당 아파트는 1억 9,000만 원 정도에 낙찰을 받았다. 도배와 장판 비용으로 103만 원이 들었다. 화장실 문이 망가졌는데 소생이 어려울 정도였다. 인터넷에서 검색해 전문적으로 시공하는 업체에 맡겼는데 문 교체 비용, 철거비, 공임비까지 해서 15만 원에 교체했다. 유리에 스티커가 많이 붙어있어 청소업체를 불렀고 청소비로 38만 원이 들었다.

낙찰받은 아파트는 공시지가가 1억 원이 넘어서 취득세 12.4%를 내야 했다. 막상 취득세를 내려고 하니 마음이 쓰렸다. 취득하는 데만 12% 넘는 세금이 붙다니⋯ 그렇게 취득세만 2,364만 원을 납부했다.

관리비는 예치금을 제외하고 90만 원 정도 미납되어 있었는데 채무자가 살고 있지 않은 기간 동안 쌓인 금액이었다. 대법원 판례상 공용 부분에 해당하는 관리비는 낙찰자가 인수해야 하므로 채무자가 관리비를 내지 않으면 어쩔 수 없이 낙찰자가 내야 한다.

주변에 있는 공인중개사들에게 매도 의뢰를 했고 이후 101만 원을 지급했다. 그렇게 총 2억 1,800만 원이 들어갔다.

해당 아파트는 (앞에서 잠깐 말했던) 지인이 공동 투자를 했다. 지인은 5,100만 원을 투자했는데 근저당 설정 없이 믿고 투자해줘서 근저당 설정 비용은 발생하지 않았다. 필자는 갖고 있었던 상계동 빌라를 매도한 금액에다 추가 대출을 합해 나머지 금액인 1억 6,700만 원을 썼다. 그리고 소유권이 이전된 후 3개월 만에 2억 4,700만 원에 매매 계약을 체결했다. 개인의 양도소득세에 해당하는 추가 세율 22%가 적용되어 720만 원 정도의 세금이 발생했다.

결과적으로 2,150만 원 정도의 순수익이 발생했고 지인과는 투자금과 비례해 나눴다. 필자는 세금 및 각종 부대 비용을 제외하고 1,650만 원 정도의 순수익을 얻었다. 낙찰받은 날로부터 잔금까지 받고 계약이 마무리되는데 대략 5개월이 걸렸다. 대출을 많이 받지 못해 수익률은 높지 못했으나 또 다른 투자 방법을 하나 발견했으니 괜찮은 투자라고 생각했다.

*

그렇게 1년 동안 3번의 투자만으로 매달 30만 원의 수익과 4,600만 원 정도의 수익을 올렸다. 물론 다른 낙찰 물건도 있지만 3번의 낙찰만으로도 웬만한 직장인만큼의 연봉을 벌게 된 것이다. 물론 다른 경매 투자자들에 비해서 많은 수익을 올리지는 못했을 수도 있다. 투자금 대비 수십, 수백 배의 이득을 보는 투자자도 많을 것이다.

그렇지만 필자는 금액보다는 경매에 대한 가능성에 중점을 뒀다. 경매를 계속할 수 있을 것 같았고 꾸준히 하다 보면 분명 성공할 수 있다는 확신이 섰다. 아직은 경매보다 일반 매매나 분양으로 얻은 수익이 더 많지만 시간이 갈수록 경매로 더 큰 수익을 벌 수 있을 것 같았기에 충분히 의미 있는 투자라고 생각한다.

아파트 매도 후 얻은 깨달음

원활하게 진행됐던 이 물건을 매도하면서도 얻은 교훈이 있다. 호재가 있는 물건은 장기적인 관점에서 봐야 한다는 것이다. 해당 아파트는 신안산선이 들어오는 곳에서 아주 가까운 위치에 있었다. 잔금을 받을 당시에 이미 4,000만 원 정도가 올라있있다. 필자가 매도한 금액은 2억 4,700만 원이었는데 2021년 5월에 보니 3억 원 중반까지 올라갔다. 오를 줄은 알고 있었지만 그렇게 빠른 속도로 오를지는 예상하지 못했다.

많은 부동산 전문가들은 말한다. 아파트는 파는 게 아니라고. 아파트를 팔 때는 오직 더 좋은 입지에 있는 아파트를 살 때라고 말이다. 이를 몸소 겪어 보니 무슨 말인지 확실히 알 것 같았다. 그렇다고 후회만 하는 것은 좋은 방법이 아니다. 아쉽기도 했지만 지금 이런 일을 겪은 것에 감사했다. 문제를 찾고 해결할 때 비로소 값진 경험이 되는 것이다. 앞으로 더 넓은 시야로 부동산을 볼 수 있을 것이니 말이다.

경험만 하고 복습이 없다면 똑같은 실수를 반복하게 된다. 내가 무엇을 놓쳤는지, 어떻게 하면 더 나은 방향으로 투자를 할 수 있었을지 항상 고민해야 한다. 후회하라는 말이 아니다. 후회 속에서 또 다른 기회를 찾아야 한다는 것이다.

앞에서 말했던 깨달음을 얻은 이후부터 장기적으로 가져갈 아파트에 투자하기로 했다. 그 첫 번째 타자가 다음 아파트였다.

소 재 지	인천 남동구 논현동 66-5 논현유호엔시티2단지		
	(21673)인천 남동구		
경 매 구 분	강제경매	채 권 자	주OOOOOOO
용 도	주상복합(아파트)	채무/소유자	박OO	매 각 기 일	21.02.01 (285,790,600원)
감 정 가	330,000,000 (20.03.06)	청 구 액	345,109,514	종 국 결 과	21.04.07 배당종결
최 저 가	231,000,000 (70%)	토 지 면 적	20.3㎡ (6.1평)	경매개시일	20.03.04
입찰보증금	23,100,000 (10%)	건 물 면 적	85㎡ (25.7평) [33평형]	배당종기일	20.05.20
조 회 수	· 금일조회 1 (0) · 금회차공고후조회 63 (25) · 누적조회 250 (33) · 7일내 3일이상 열람자 11 · 14일내 6일이상 열람자 3		() 는 5분이상 열람 [조회통계] (기준일-2021-02-01/전국연회원전용)

• 출처: 지지옥션

해당 물건은 인천 소래포구역 역세권역에 있는데 추후 수인분당선 연장으로 정자역까지 환승 없이 갈 수 있다. 따라서 시세가 상승한다고 봤고 장기 투자를 목적으로 입찰해 낙찰받았다.

2억 8,500만 원에 낙찰을 받고 법무비, 취득세, 수리비 등으로 1,000만 원이 추가돼 총 2억 9,500만 원이 들었다. 대출은 1억 7,000만 원을 받았으니 실투자금액은 1억 2,500만 원이 들었다.

3주 만에 전세를 놓았는데 전세금이 3억 2,000만 원이었다. 그 당시에는 주변에 전세가 없다는 것을 공인중개사들에게 들어 확인했고 플피투자(매매가보다 높게 전세를 맞추는 것)가 가능할 것으로 예상했는데 그게 맞았다. 전세로 바로 나가면서 2,500만 원의 차익금이 생겼다. 나중에 돌려줘야 할 돈이기는 하나 앞으로 전세가가 더욱 상승할 곳이라서 큰 걱정은 없었다.

2021년 2월 1일에 낙찰받았고 장기로 투자할 생각이다. 아니나 다를까 11월에 실거래 신고가가 4억 원이 넘었고 1년도 안 되는 시간 동안 1억 2,500만 원을 투자해 투자한 만큼 시세차익을 봤다. 향후 호재가 아직 많은 지역이기에 매도할 생각은 없다. 앞에서 말했던 아파트를 매매하면서 후회만 한 것이 아니라 더 나은 방향으로 생각하고 투자했기 때문에 가능한 결과였다.

또 다른 물건은 일반 매매 중 분양권으로 취득했는데 준공 전에 임차인을 맞췄다. 또한, 완공 후에 비용을 지불한 것이 아니라 오히려 6,500만 원과 은행 이자를 제외하고도 월세가 20~30만 원씩 나온다. 그래서 장기적으로 가져가려고 한다. 이 물건은 현재 취득가 대비 3억 원 이상의 시세차익을 보고 있다.

지금도 두 물건 모두 실거래는 계속 상승하고 있다.

최근에는 현재 주변에 역은 없으나 몇 년 후에 아파트 근처로 3가지 노선이 생길 예정인 역세권역에 위치한 물건을 장기적인 관점에서 1채 더 매입했다.

만약 앞에서 말했던 시흥 아파트의 투자 결과에 대해 고민하지 않았더라면 얻지 못했을 차익들이다. 그래서 법인으로 아파트를 매도한 경험은 값진 후회라고 생각한다.

독자 여러분도 경매할 때 장기적인 관점으로 접근할 물건과 단기로 투자할 물건을 구분해서 투자하면 좋다는 것을 알려주기 위해 필자의 경험담을 들려줬다. 얼마 안 되는 기간 동안 시세가 1억 원이 올랐으나 저렴하게 매도했던 필자의 사례처럼 단기로 투자하는 것보다 장기적으로 투자하는 경우가 좋을 때도 있다. 단기 투자로 투자금을 불려 나가면서 좀 더 금액대가 높은 물건을 낙찰받는 방법도 있지만 좋은 입지에 있는 물건을 낙찰받고 장기적으로 갖고 가져감으로써 얻은 금액이 훨씬 더 클 수도 있다는 것을 알아뒀으면 좋겠다.

1년에 3번 낙찰받기

1 매일 주식장 보듯 경매 물건 보기

독자 여러분은 주식에 관심이 많은가? 필자는 그렇지 못하다. 깊게 공부하지 않아서 주식은 하지 않는다. 주식 공부할 시간에 경매에 대해 좀 더 시간을 쓰는 편이다.

물론 필자 주변에 주식 투자를 하는 사람이 많다. 친구 A는 50만 원으로 시작했다가 점점 늘어서 지금은 1,200만 원이라는 큰돈이 들어가 있다고 한다. 그런데 주식 공부는 전혀 한 적이 없다고 했다. 2020년 코로나19 발생 이후 불붙었던 주식 상승장에서는 수익을 냈을 수 있어도 이후에도 계속 수익을 낼 수 있을지 모르겠다. 공부하지 않는 투자는 투자가 아니다. 투기다. 그런데 A는 주식창을 자주, 꾸준히 들여다본다. 월요병이 생기지 않는 게 무척 큰 장점이라고 한다. 필자 입상에서는 잘 모르겠다.

대학 동기 B는 친구들과 주식 카톡방을 만들어 서로의 정보를 공유한다고 했다. 유료 사이트에서 오를 것 같은 종목을 추천받아 해당 주식을 산다고 한다. 재무제표나 기업의 가치를 공유하는 것이 아니라 누군가가 좋다고 했다, 신문에 좋은 기사가 있다 등의 내용을 공유하는 것 같았다. 자신이 주체적으로 기업을 공부하고 투자하는 것이 아니라 남이 좋다고 하는 것에 기대어서 하는 투자는 내 돈을 남에게 갖다 바치는 행위와 다를 것이 없어 보인다.

하지만 경매 투자를 하는 사람으로서 A와 B에게 배워야 할 것이 있다. 자주 보는 것, 혹은 규칙적으로 보는 것이다. 그렇다. 우리는 주식이 아니라 경매 물건을 자주, 그리고 많이 봐야 한다.

경매 물건을 자주 봐야 하는 이유

빌라를 중점적으로 경매하는 사람들, 소액으로 투자하는 사람들에게는 물건이 한정적이다. 경매 물건이 많지 않은데도 다 보지 않는다. 내가 익숙하지 않은 지역이라거나 그 시기에 바빠서 못 봤다거나 이유는 여러 가지다. 하지만 그렇게 스스로 범위를 좁히게 되면 낙찰받을 확률은 더욱 낮아지고 그만큼 내가 얻을 수 있는 수익을 감소시킨다. 같은 확률에서는 많이 볼수록 좋은 물건도 많이 보이며 더 많이 입찰하게 되고 낙찰받을 확률이 그만큼 더 늘어난다.

필자는 물건을 찾을 때 일주일에 최소 한 번 이상은 본다. 수도권 같은 경우 7~8시간만 투자하면 다음 주에서 다다음 주 물건까지 전부 다 볼 수 있다. 물론 전국을 다 보면 더 많은 시간이 든다.

경매 물건을 검색할 때는 마치 쇼핑을 하는 것 같다. 필자는 식료품을 살 때 티몬을 자주 이용하는데 배송은 조금 늦지만 다른 사이트보다 더 저렴한 가격에 괜찮은 퀄리티(Quality)의 음식을 구매할 수 있어서다. 경매 물건 볼 때도 똑같다. 어느 물건이 싸게 잘 나왔는지, 어느 위치의 물건이 좋아 보이는데 저렴하게 나왔는지 등 좋은 물건이 보일 것 같다는 기대감을 갖고 쇼핑을 한다. 그렇게 생각하기에 꾸준히 볼 수 있는 것 같다. 시간도 오래 걸리지 않으니 지치지도 않는다.

또한, 경매에 대한 감을 잃지 않기 위해서라도 자주 봐야 한다. 예전에 낙찰받은 물건에 모든 자금을 투자하는 바람에 한동안 경매 물건을 보지 않았던 적이 있었다. 그리 긴 시간이 아니었는데도 다시 물건을 보려 하니 그리 낯설 수가 없었다. 물건을 보는 감도 떨어진 것 같은 느낌이 들었다. 그 미묘한 느낌이 싫어서 그 이후부터는 시간이 있을 때마다 경매 물건을 보고 있다.

이제는 필자의 투자금을 넘는 물건도 일일이 찾아본다. 원래는 투자가 가능한 물건만 봤다. 굳이 투자도 못 하는 곳을 봐봤자 시간만 낭비라고 생각했던 적도 있었다. 하지만 그렇게 하면 똑같은 지역만 맨날 보게 된다. 보는 동네가 정확히 한정된다는 가장 큰 단점이 생긴다. 특히 운용자금이 5,000만 원 미만의 투자자들은 수도권 내 투자 가능한 곳의 위치와 지명을 외울 수도 있을 것이다. 그만큼 보는 지역이 좁아진다. 그래서 필자는 지방이라면 필요한 지역에서만, 수도권 내 지역이라면 금액에 상관없이 물건을 본다. 그렇게 되면 확실히 부동산을 보는 시야가 넓어지고 부동산의 전반적인 흐름을 대략 알 수 있게 된다. 그렇게 다 보더라도 7~8시간이면 충분하다. 독자 여러분도 뒤에서 언급하게 될 지역들을 중심으로 본다면 경매 물건을 검색하고 찾아낼 수 있는 시간을 크게 줄일 수 있으니 꼭 참고해서 물건 검색을 해보기를 바란다. 검색할 때 내가 원하는 물건을 저렴한 행사 가격에 판매하고 있다고 생각해보자. 경매 물건은 그것보다 훨씬 더 큰 이익을 가져다줄 것이다.

임장은 한 번에 돌자

물건을 전부 다 보면서 관심 물건을 찾았다면 임장을 갈 것이다. 임장을 갈 때는 비슷한 지역을 묶어서 한 번에 돌아야 한다.

예전에 필자는 마음에 드는 물건을 보러 임장을 갔다 왔는데 알고 봤더니 바로 옆 빌라가 다음 주에 입찰할 물건이었다. 그래서 그 물건을 보기 위해 왕복 2시간을 운전해 한 번 더 임장을 갔었다. 만약 같이 묶어서 임장을 돌았다면 20~30분이면 끝났을 것이다.

그러므로 경매 물건을 1주 단위로 보고 임장을 하는 것이 아니라

2주 혹은 한 달 치 물건을 전부 보고 입찰할 물건들을 정한 다음, 다른 날짜에 진행하는 경매 물건이 있다고 해도 비슷한 지역이면 같이 임장을 가야 한다. 황금 같은 주말에 시간을 내어 임장을 하는데 가능한 한 효율적인 방법으로 해야 지치지 않는다.

필자는 비슷한 지역에 임장을 한 번 더 가서 시간을 낭비하는 것보다 경매 물건을 꾸준히 검색해보며 임장 갈 위치를 확실히 정해놓고 가는 것이 훨씬 효율적이라고 생각한다. 요즘은 3주 동안 들어갈 물건을 다 찾아놓고 한 번에 한 지역을 몰아서 임장하는 방식으로 진행한다. 일주일 단위로 물건을 찾고 임장을 가는 것보다 훨씬 임장 시간이 줄어든다.

낙찰 물건을 복습하는 습관

관심 있는 경매 물건을 모아놓을 텐데(만약 모으지 않는다면 꼭 모으고 기록해둬야 한다) 필자는 유료 사이트에서 물건을 찾고 그곳에 관심 물건을 종류별로 모아둔다. 그렇게 모아둔 물건에 대한 피드백을 해봐야 한다.

낙찰을 받고 그 물건을 해결하는 중간에는 물건만 찾고 피드백을 잘 하지 않는다. 하지만 필자가 지금 투자할 자금이 있어 경매 입찰을 할 수 있는 상황에서는 반드시 피드백을 한다. 여러 가지 상황에 따라 낙찰을 받을 수 있는 상황이나 수익을 많이 볼 수 있는 상황이 생긴다.

　상황의 대표적인 예로 정부 정책을 들 수 있다. 2020년 6·17 대책과 7·10 대책 발표 후 경매에 입찰하는 사람이 매우 줄었다. 수도권 평균 낙찰가율도 전월 대비 2.2% 낮아졌으며 낙찰률도 3.3% 낮아졌다. 평균 입찰자도 3.4명으로 18개월 만에 가장 낮은 평균을 보였다고 한다. 그때 당시에는 실제로 낮은 금액에 수익을 볼 수 있는 기회가 많았다. 수치상으로도 증명이 된다. 이처럼 정부 정책에 따라 경매에 크게 영향을 미치는 경우가 있는데 피드백을 함으로써 이를 파악하고 입찰했으면 한 번의 낙찰로도 연봉에 준하는 수익을 올릴 수 있었을 것이다.

　김포 지역을 조정대상지역에서 제외하고 주변 다른 지역을 조정대상지역으로 정해 대출을 제한하자 김포 지역의 경매 낙찰가율이 크게 올랐던 적도 있었다. 주기적으로 피드백을 해본다면 남들보다 빠른 시간에 이를 알 수 있다. 그 당시 필자는 자금이 묶여 있어 눈앞에서 보물 같은 물건들을 놓쳤으나 피드백의 중요성을 몸소 느낄 수 있었다. 앞에서 언급한 아파트도 낙찰 피드백을 통해 낙찰받은 것이다. 이처럼 경매는 꾸준하고 지속적으로 관심을 갖고 보는 만큼 내게도 많은 것을 돌려준다. 이유 없는 행운은 없다.

2 쉽게 이득 볼 수 있는 빌라 지역 찾기

시간도 하나의 수익이다

필자가 초기에 빌라를 투자할 때 생각했던 주요 방향은 수익이었다. 무조건 싸게 사는 게 중요하다는 말에 부동산의 위치는 신경 쓰지 않았다. '그냥 싸게 사서 높은 가격에 팔면 되는 거 아닌가? 어디든 사람이 다 사는 곳인데'라고 생각했고 이천, 광주, 포천 등 수도권 내에 어느 물건이든 저렴한 물건이 있다면 임장을 갔다.

그러한 생각으로 입찰하다가 한 빌라를 낙찰받았다. 바로 앞에서도 사례로 말했던 첫 낙찰 빌라다. 입찰 전에 공인중개사사무소에 가서 시세를 물어보니 1억 2,000~1억 2,500만 원 정도 한다는 답을 들었다. 거래가 질 이뤄지지 않는다는 말도 했지만 들은 척 만 척하고 매매 가격만 듣고 입찰했다. 역시나 이후 거래가 되지 않았다. 처음에 몇 번 전화가 올 뿐 거래는 진행되지 않았다.

그렇게 한 달, 두 달이 지나가고 있었다. 가격도 가격이지만 처음에는 '왜 거래가 되지 않지?'라고만 생각했던 것 같다. 물론 전세, 월세 등의 탈출 전략도 마련해 놓았기에 결국 월세로 방향을 전환해 거래했지만 3개월 동안 팔리지 않았다. 그러면서도 그 당시에는 여전히 수익에만 초점을 맞췄던 것 같다.

매매되지 않을 가능성이 높은 빌라를 낙찰받고 실제 경험해보면서 무엇을 잘못했고 무엇을 놓쳤는지 많은 고민을 했다. 그렇게 다시 한번 투자의 방향을 생각해봤다. 어떤 방향이 맞는지, 매매는 잘하는 방법은 무엇인지, 부동산을 볼 때 고려해야 할 사항이 더 있는지 등에 대해 고민하고 또 고민하면서 그렇게 2주 내내 집중적으로 공부했다.

그때였던 것 같다. 독자 여러분은 사고가 확장된다는 말을 알고 있을 것이다. 필자도 물론 알고 있다. 예전에 벼락치기 공부를 많이 해봤기 때문에 짧은 시간에 지식을 확장한 경험은 있었다. 그런데 그게 사고의 확장은 아니었다. 그게 어떤 느낌인지는 그 당시에 처음 알았던 것 같다. 수백, 수천 번의 생각과 심지어는 잘 때도 몇 번의 꿈을 꾸면서 정말 단시간에 빌라에 대한 투자 방향과 방법을 터득할 수 있었다. 사고가 확장된다고 하는 말이 무슨 느낌인지 온몸으로 알 수 있었다. 그 경험으로 깨달았던 내용을 독자 여러분과 공유해 보고자 한다. 생각보다 간단하다.

필자가 좋아하는 빌라 입지

앞에서 말한 기준을 바탕으로 수천 개가 넘는 물건들을 보니 필자가 중점적으로 보는 지역과 그렇지 않은 지역이 생기게 됐다(물론 빌라에 투자한다고 가정했을 때 얘기다).

중점적으로 보는 지역 첫 번째는 서울이다. 당연하기도 하고 실제로 서울 빌라는 매매가가 오르는 경우가 많다. 수요가 항상 풍부하고 아파트의 대체재 역할을 충분히 하고 있어서 매매도 빠르고 환금성도 높다. 특히 부동산이 상승장이었던 시기에는 서울의 입지 좋은 빌라 가격도 오르기 때문에 신건 빌라를 입찰할 때는 입찰자는 적고 수익은 많이 얻을 수 있다.

두 번째는 인천 부평구다. 수요가 많은 편에다 교통, 학군, 편의시설 등의 인프라도 잘 갖춰져 있기에 거래가 활발하고 빌라 가격이 잘 내려가지 않는다. 그래서 필자는 부평동, 산곡동, 부개동 등 부평구 쪽의 물건이라면 관심을 가지고 본다.

자본금이 많이 없다면 인천 남동구의 만수동, 구월동, 간석동 쪽의 물건에 관심을 가지면 좋다. 물론 경사가 있는 지역이 많지만 대출을 받지 않아도 5,000만 원 이하로 투자할 수 있는 빌라가 많다. 대출을 받을 수 있다면 1,000만 원보다 낮은 금액으로도 투자가 가능할 것이다.

인천 미추홀구의 주안동, 도화동, 숭의동, 용현동도 지하철역에서 비교적 가까운 위치에 있는 빌라 물건이 꽤 있고 1억 원 이하에 낙찰이 가능할 수도 있다.

세 번째, 경기도 쪽에서는 광명, 구리, 부천, 의정부, 하남, 성남, 수원, 안산, 용인 일부 지역(신분당선 역 주변)을 본다. 이 지역도 마찬가지로 주변에 역이 있고 다른 지역보다 수요가 많은 곳이기 때문에 관심을 두고 본다. 그중 부천, 수원, 안산 지역의 많은 빌라는 거래량이 많고 1억 원 내외로 낙찰이 가능하다.

반대로 필자는 경기도 광주, 고양, 남양주, 양주, 파주, 김포, 이천, 용인과 안산보다 밑에 있는 지역 중 역에서 1킬로미터 이상 떨어졌고 주변에 학군이 없는 물건들은 잘 보지 않는다. 그리고 역과 거리가 있는 인천 지역의 물건은 잘 보지 않는다. 관심 있게 보는 지역 외에는 거의 전부라고 봐도 무방하다. 지하철이 없는데 학군까지 없는 지역이라면 더욱 입찰을 꺼린다. 저렴하게 낙찰을 받는 것은 좋으나 살 사람이 없으면 환금성이 떨어질 수밖에 없다.

입지가 좋은 빌라는 환금성이 매우 높다. 보통 1~2달 정도 후에는 계약이 성사된다. 수요층도 꾸준한데 가격까지 일반 매물보다 약간 저렴하게 나오고 중개비까지 좀 더 챙겨주면 빠른 시간에 매도가 안 될 수 없다.

하지만 해당 지역에 지하철역도 없고, 초등학교부터 고등학교 중에 하나도 없다면 찾는 수요가 급격하게 줄어든다. 그 정도라면 인구도 상대적으로 없을 가능성이 높아서 인프라도 빈약하기에 환금성이 매우 떨어진다. 앞에서 말했던 사례처럼 말이다. 물론 그렇지 않은 지역도 있고 타이밍이 맞아 빠르게 매도할 수도 있겠으나 일반적으로는 역이 있는 곳이 매도하기에 수월하다.

지방의 경우 역이 중요하지 않은 곳도 있으나 학군마저 없다면 수도권보다 더욱 매도하기가 어려울 것이다. 수요가 있는 지방인지 확인하기 위해서는 실거래가 공개시스템을 이용해 최근 6개월 동안 거래가 활발했는지 확인한 다음에 입찰을 고려해보는 것이 좋다. 앞에서 말했던 실거래가로 빌라 시세를 구할 때 같이 확인이 가능하다.

입지는 특히 처음 경매를 하는 투자자들에게 중요하다. 초반에는 어느 빌라의 입지가 좋은지 모르는 경우도 상당히 많다. 그렇기에 초반에는 앞에서 말했던 역과의 거리 700미터와 학군 유무 위주로 물건을 찾는 것이 좋다. 그렇게 경험을 쌓아가고 익숙해지면서 본인만의 방법을 찾아 다른 곳도 투자하는 게 좋다. 필자가 그런 경험을 하면서 지금까지 왔기에 꼭 당부하고 싶다.

자신만의 명확한 기준을 세워야 한다

자신만의 명확한 기준을 갖고 물건을 검색하면 여러 가지 장점이 생긴다. 필지 같은 경우 실거래가와 역, 학군을 중심으로 보면서 기존과 달라진 점이 몇 가지 있다.

첫 번째, 시간적으로 많은 이득을 본다. 경매 물건을 검색하는 시간이 확 줄어든다. 필자가 관심 있게 보는 지역도 경매로 나오지만 관심 있게 보지 않는 지역의 물건이 경매에 훨씬 많이 나온다. 특히 경기도 광주 같은 지역의 경매 물건은 다른 지역에 비해 압도적으로 많은 경우가 대부분이다(2021년 상반기까지는 물건이 정말 많이 나왔다).

또 다른 시간적인 이점으로는 부동산 임장 시간이 줄어드는 것이다. 필자는 하루 날을 잡아 10곳 내외를 둘러본다. 보통 한 지역을 몰아서 보고는 한다. 예를 들어, 인천 지역을 본다고 하면 가장 빨리 입찰을 해야 하는 빌라 주변의 관심 있는 물건들을 쭉 둘러본다. 자동차가 없다면 역 근처에 있는 물건을 더 빨리 보는 것은 당연하다. 차가 있어도 볼 빌라들이 여러 군데 띄엄띄엄 분포되어 있을 때보다 핵심 물건 가까이에 분포되어 있으면 임장할 때 더 편하다. 외지에 있는 곳을 임장할 때보다 훨씬 시간이 단축됐다. 특히 필자도 그렇고 많은 시간을 내기 어려운 직장인에게 훨씬 효율적인 방법이다.

두 번째, 매도 가격 안정성에 대한 이득을 본다. 모든 물건은 현재 거래되고 있는 매매가액을 파악하는 것이 중요한데 거래가 잘되는 지역이라면 가격 파악이 용이하다. 거래량이 많아서 시세가 좀 더 정확하게 형성되기 때문에 앞에서 말했던 필자만의 시세 파악 방법을 적용할 때도 유용하다. 또한, 많은 거래가 이미 이뤄졌기 때문에 공인중개사사무소에 전화해도 매매 가격을 알아내는 것이 수월하다. 결과적으로 입찰가를 좀 더 명확하게 산정할 수 있다. 이는 곧 내가 입찰할 물건에 대한 시세를 정확하게 파악할 수 있다는 뜻이며 잘못된 시세로 인해 손해를 보지 않을 가능성을 매우 높여준다.

경매로 나온 물건이 많다는 것은 그 지역에 물건의 절대적인 양이 많기 때문일 수도 있지만 보통은 팔리지 않아서 그런 경우가 많다. 예를 들어, 서울 같은 곳에서는 빌라 수에 비해 물건이 많이 나오지 않는다. 따라서 경매에 나왔다는 것은 잘 팔리지 않아서 나올 수도 있다는 말이 될 수 있다. 그러므로 처음 입찰에 참여하는 사람이라면, 빌라에 대한 입지를 배우기 시작한 사람이라면 물건은 많이 나오진 않지만 입지는 좋은 지역에 입찰하는 것을 권한다.

세 번째, 수요가 있는 지역 파악에 이득을 본다. 수요가 항상 있는 지역은 가격이 잘 하락하지 않는다. 수요가 별로 없어서 거래가 잘 없는 지역에서는 소유주들이 팔기 위해 시세보다 저렴하게 급매 형식으로 내놓는데 그렇게 되면 내가 생각한 매도 가격이 무너지거나 파는 데 시간이 많이 걸린다. 반면, 물건도 많고 거래도 많은 지역이라면 현재 나와 있는 물건 하나하나에 영향이 크지 않고 시세도 어느 정도 형성되어 있어서 매매할 때 시간이나 가격의 영향을 덜 받는다.

특히 서울의 경우 오히려 가격이 상승한다. 앞에서 다뤘던 상계동 빌라는 낙찰받은 다음에 팔았을 때보다 훨씬 높은 가격에 거래가 이뤄지고 있다. 필자가 필자만의 기준으로 샀던 빌라들은 장기간으로 갖고 있어도 떨어지기는커녕 오히려 가격이 상승했다.

　그러므로 무조건 수익만을 좇으면 안 된다. 수익을 낼 수 있는 입지를 봐야 한다. 입지가 곧 수익이다. 물론 입지가 좋지 않으면 저렴하게 사서 저렴하게 파는 방법도 있다. 하지만 처음 입찰하거나 시작한 지 얼마 되지 않았다면 입찰하려는 빌라 시세의 가격을 제대로 파악하지 못하는 경우가 종종 발생하므로 지금까지 필자가 말한 내용을 잊지 않기 바란다.

3
3번 낙찰로 연봉만큼 버는 시뮬레이션

필자가 6장에서 예시로 들었던 아파트는 가격대가 부담스러울 수도 있다. 특히 아파트는 금액대가 높아서 입찰하고 싶어도 입찰하지 못하는 경우가 대부분일 것이다. 수중에 돈이 많아야만 투자할 수 있을까? 꼭 그렇지 않다.

필자가 낙찰받은 물건 외 다른 물건에 대해서도 낙찰 피드백을 해본다고 했는데 그중에는 대출이 없어도 5,000만 원 이하로 투자할 수 있는 물건이 많이 있었다. 또한, 역 근처 700미터 이내에 있으면서 학군도 어느 정도 있었다.

이제부터 그러한 물건들에 대해 이야기하면서 반드시 큰돈이 있어야 투자할 수 있다는 고정관념을 깨보려고 한다. 공시 가격은 1억 원 이하였고 개발 지역에 있지도 않았다(다주택자나 법인이 투자할 때 개발 지역에 있다면 공동주택 가격이 1억 원 이하라고 해도 12.4%의 취득세를 낼 수도 있다). 그래서 1주택자 혹은 다주택자라도 취득세 1.1%만 납부하면 된다. 물론 많지는 않다. 하지만 5,000만 원 이하로도 충분히 수익을 올릴 수 있다는 사실을 실제 낙찰 사례를 통해 보여주고 싶다(필자는 낙찰된 물건이라면 항상 피드백을 해본다고 했다. 필자가 낙찰받은 물건은 아니지만 피드백을 하면서 소개해주고 싶은 물건이라서 이번에 다뤄봤다).

첫 번째 물건, 경기도 시흥시 신천동 A 빌라

경기도 시흥시 신천동에 있는 A 빌라는 2020년 2월에 경매로 나

소 재 지	경기 시흥시 신천동 ○○○ ○○ ○○○○ ○○ ○ ○○○ (14948)경기 시흥시 신천천서로 ○○ ○			
경매구분	임의경매	채 권 자	농○○○	
용 도	다세대	채무/소유자	전○○○○ / 김○○○○	매 각 기 일 20.02.13 (39,230,000원)
감 정 가	58,800,000 (19.04.15)	청 구 액	36,235,705	종 국 결 과 20.04.22 배당종결
최 저 가	28,812,000 (49%)	토 지 면 적	22.2㎡ (6.7평)	경매개시일 19.04.03
입찰보증금	2,881,200 (10%)	건 물 면 적	30㎡ (9.1평)	배당종결기일 19.06.19
조 회 수	· 금일조회 1 (0) · 금회차공고후조회 58 (16) · 누적조회 262 (20) · 7일내 3일이상 열람자 9 · 14일내 6일이상 열람자 3		()는 5분이상 열람 [조회통계] (기준일·2020-02-13/전국연회원전용)	

• 출처: 지지옥션

왔다. 1층이지만 정면에서 보면 2층에 가깝다. 다른 1층 물건보다 메리트가 있을 수 있다.

A 빌라는 신천역에서 700미터 안쪽에 있는 물건이다. 도보로 10분 정도 거리다. 이 정도 거리라면 걸어가는데 큰 부담을 느끼지 않으니 역을 이용하려는 수요가 관심을 가질 것으로 판단했다.

역을 봤다면 이제 학군을 확인해보자. 초중고 전부가 A 빌라 300미터 이내에 있다. 도보로 5분 이내 거리다. 학군도 주변에 잘 형성되어 있다고 할 수 있다. 초중고 전부 학군이 있다면 상권과 생활 인프라도 어느 정도는 갖춰져 있을 것이다. 이렇게 판단이 된다면 주변에 마트나 백화점이 있는지, 편의점은 많은지, 은행이 있는지 등을 추가로 확인해본다.

롯데마트, 이마트, 이마트 트레이더스 등의 대형 마트가 있다면 그 주변 지역은 수요와 공급이 풍부하다고 생각하면 된다. 사람이 없는데 대형 마트가 있을 리 없다. 대형 마트는 주변에 수요와 인구가 제대로 갖춰져 있는지 확인한 다음에 자리를 잡는다. 입찰하려는 물건 주변에 대형 마트가 있다면 매매는 어느 정도 되는 지역이라도 생각해도 된다. 특히 백화점은 입지 선정을 아주 정성 들이는 시설 중 하나다. 곰곰이 생각해보자. 백화점이 있는 곳 중에 번화하지 않은 상권이 거의 없다. 백화점은 건설하는 데 돈이 천문학적으로 들어가므로 그만큼 입지 선정을 매우 신중히 한다. 그러므로 백화점이 있는 지역이라면 사는 인구, 유동 인구가 많으며 인프라가 잘 갖춰져 있다고 생각하면 된다. 비슷한 경우가 대학병원이다. 대학병원이 있다면 주변 인프라는 어느 정도 보장된다고 보면 된다.

이렇게 생활에 연관된 인프라들을 확인하는 절차를 통해 거래량이 많은 지역인지 다시 한번 확인해보는 절차를 거쳐야 한다.

A 빌라가 있는 지역에는 대형 마트, 백화점 등의 큰 시설은 없지만 역에서 가깝고 학군이 다양해서 비교적 수요가 풍부한 편이다. 거래량이 이를 뒷받침하듯 신천동에 있는 빌라의 매달 거래 건수가 40건이 넘는다. 좋은 가격에만 낙찰받는다면 매도에는 무리가 없을 것으로 판단됐다.

그렇다면 낙찰 가격은? 10명이 입찰했고 3,923만 원에 낙찰받았다. 그 당시 평균 시세는 실거래가 공개시스템을 통해 보수적으로 산정해봤는데 5,000만 원 중반 정도면 매도가 될 것으로 봤다. 기본적인 수리를 한다면 6,000만 원까지도 받을 수 있어 보였다.

낙찰받은 후 취득세와 명도, 수리 비용으로 300만 원 정도 들었다고 가정해보자. 총 4,200만 정도의 비용이 들어갔고 6,000만 원에 매도했다면 1,800만 원의 차익이 생긴다. 개인으로 낙찰받아서 단기 매도를 한다면 양도세를 77% 내야 한다. 만약 월세나 전세를 받으면서 2년을 보유했다가 기본세율이 부과되는 시점에 매도했다면 주택 수에 따라 15~45%까지 양도소득세가 부과된 후 누진공제가 적용되어 1,000~1,500만 원 정도의 순수익을 얻을 것이다. 법인으로 낙찰받으면 즉시 매도가 가능하니 1,300만 원 정도의 순수익이 생길 것이다.

두 번째 물건, 인천 중구 도원동 B 빌라

인천 중구 도원동에 있는 B 빌라는 2020년 6월에 경매로 나왔다. 4층 중 3층이다. 가장 위층인 탑층도 아니고 지하층이나 1층도 아니니 층수에서 가격이 밀리지는 않았다.

소 재 지	인천 중구 도원동 7◯-1◯ ▨▨▨▨ ▨◯ 3◯2◯호			
	(22327)인천 중구 도원로▨◯번▨ 1◯			
경매구분	임의경매	채 권 자	강◯◯◯	
용 도	다세대	채무/소유자	김◯◯	매 각 기 일	20.06.29 (40,560,000원)
감 정 가	69,000,000 (19.08.23)	청 구 액	110,519,738	종 국 결 과	20.09.03 배당종결
최 저 가	33,810,000 (49%)	토 지 면 적	14.2㎡ (4.3평)	경매개시일	19.08.12
입찰보증금	3,381,000 (10%)	건 물 면 적	44㎡ (13.4평)	배당종기일	19.10.17
조 회 수	·금일조회 1 (0) ·금회차공고후조회 39 (10) ·누적조회 173 (20) ·7일내 3일이상 열람자 3 ·14일내 6일이상 열람자 2		()는 5분이상 열람 <조회통계> (기준일-2020-06-29/전국연회원전용)		

• 출처: 지지옥션

B 빌라는 400미터 내에 도원역이 있는데 도보로 5~7분 이내면 도착해서 거리에는 무리가 없었다. 또한, 중고등학교와의 거리가 200미터 이내고 길 건너 500미터 이내에 초등학교가 있다.

앞에서 얘기했던 첫 번째 물건인 A 빌라와 마찬가지로 주변에 역이 있고 학군두 잘 갖춰졌다고 할 수 있겠다. 그런데 실거래가 공개 시스템을 보니 거래량이 생각보다 많지 않았다. 낙찰 시점 6개월 전으로 매달 5건 정도의 거래가 이뤄졌다. 여기서 도원동이라는 지역을 잘 관찰해야 한다. 도원동은 다른 동에 비해 면적이 그렇게 큰 지역이 아니다. 지역이 크지 않고 특성상 빌라 수가 많지 않아 거래량이 적었던 것이다. 나와 있는 매물 또한 많지 않았다. 거래량이 적어서 매도에 문제가 생기지는 않겠다고 봤다.

그렇다면 낙찰 가격은? 3명이 입찰해서 4,056만 원에 낙찰받았다. 그 당시에 평균적인 시세는 6,000만 원대 초중반으로 볼 수 있었고 수리를 한다면 6,000만 원대 중반 정도는 받을 수 있을 것 같았다.

낙찰받은 후 취득세, 명도, 수리 비용으로 400만 원 정도 들었다고 해보자. 이렇게 해도 4,450만 원 정도로 총비용이 들었고 수리한 B 빌라를 6,300만 원 정도에 매도한다면 시세차익은 1,850만 원 정도가 나온다. A 빌라의 순수익과 비슷한 금액을 얻었다고 할 수 있다.

세 번째 물건, 인천 서구 석남동 C 빌라

A 빌라와 B 빌라는 2020년 2월과 6월에 경매로 진행한 것이라 규제 후인 2021년의 상황을 반영하지 못했다고 볼 수 있다. 그래서 2021년 2월에 경매로 나온 C 빌라를 보기로 하자.

인천 서구 석남동에 있는 C 빌라는 3층 중 3층으로 탑층에 있다.

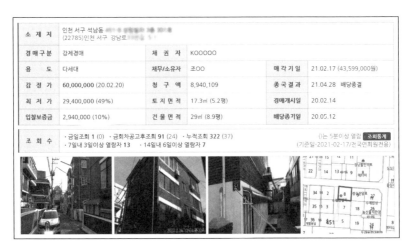

소 재 지	인천 서구 석남동 (22785)인천 서구 강남로				
경 매 구 분	강제경매		채 권 자	K○○○○○	
용 도	다세대		채무/소유자	조○○	매 각 기 일	21.02.17 (43,599,000원)
감 정 가	60,000,000 (20.02.20)		청 구 액	8,940,109	종 국 결 과	21.04.28 배당종결
최 저 가	29,400,000 (49%)		토 지 면 적	17.3㎡ (5.2평)	경매개시일	20.02.14
입찰보증금	2,940,000 (10%)		건 물 면 적	29㎡ (8.9평)	배당종기일	20.05.12
조 회 수	·금일조회 1 (0) ·금회차공고후조회 91 (24) ·누적조회 322 (37) ·7일내 3일이상 열람자 13 ·14일내 6일이상 열람자 7				()는 5분이상 열람 조회통계 (기준일-2021-02-17/전국연회원전용)

• 출처: 지지옥션

보통 맨 위에 있는 물건은 선호하지 않는다. 옥상과 집의 천장이 맞닿아 있어서 날씨의 영향을 많이 받을 뿐만 아니라 누수가 발생하면 가장 먼저 타격을 받기 때문이다. 무엇보다 엘리베이터가 없으면 계단을 이용하기 힘들거나 싫어하는 사람에게는 매도하기 어려워진다. 이래저래 수요도 더 적어지고 가격도 상대적으로 낮아진다.

 C 빌라는 석남역, 가정중앙시장역과 1킬로미터 정도 거리에 있었다. 거리가 약간 있다고 볼 수 있다. 초등학교는 200미터 이내에 있다. 역에서 멀어도 이번 사례로 넣은 이유가 있다.

 첫째, 해당 지역은 빌라 거래가 매우 활발한 지역 중 하나로 항상 수요와 공급이 많다. 매달 빌라만 80건 정도 거래가 이뤄졌다. 그래서 매도할 때 시간이 오래 걸리지 않을 것으로 봤다.

둘째, 장기로 투자한다고 했을 때 7호선이 연장되어 생기는 역에서 200미터 이내의 물건이기에 추후 매도할 때에도 가격이 내려갈 일은 없다고 봤다. 호재가 있어 가격 방어 측면에서도 유리하다.

그렇다면 낙찰 가격은? 10명이 입찰해서 4,359만 원에 낙찰받았다. 그 당시 평균적인 시세는 6,000만 원 정도였다. C 빌라는 다른 물건과 달리 새시가 깨끗하게 수리되어 있었다. 앞에서 말했듯이 새시를 했다면 내부는 깨끗할 확률이 높다. 내부 수리 비용은 많이 들지 않을 것이다.

그렇게 취득세, 명도 등으로 150만 원 정도 들었다고 해보자. 총 4,500만 원의 비용이 들었다. 시세차익은 1,500만 원 정도이며 A 빌라, B 빌라보다 100만 원 정도 낮다. 그러나 장기 투자로 접근하면 그 이상으로 매도가 가능하다고 판단된다.

수익이 더 좋은 물건은 많다

A 빌라부터 C 빌라까지 3가지 사례를 다 계산해보자. 개인으로 단기 투자를 하면 아쉽게도 연봉만큼 벌기는 쉽지 않아 보인다(물론 금액이 5,000만 원 미만으로 투자했을 경우를 가정한 것이다).

개인으로 낙찰받아 2년 보유를 했다고 해보자. 양도소득세는 공시지가와 상관없이 주택 수에 영향을 받지만 취득세는 공시지가 1억 원 미만의 비개발 지역이므로 여러 채를 보유해도 똑같이 1.1%의 취득세가 부과된다. A 빌라부터 C 빌라, 3개 물건을 개인이 전세를 줘서 2년 보유 후 매도해 일반 세율로 양도소득세를 납부하면 순수하게 3,000~4,000만 원의 수익을 올린다고 보인다.

마지막으로 법인으로 낙찰받아 2년 안에 즉시 매도해도 양도소득세에 해당하는 법인세, 추가세가 동일하다. 법인은 3,000~4,000만 원의 순수익을 2년 내로 얻을 수 있을 것으로 보인다.

이런 물건이 쉽게 보이지 않는다고 생각하면 오산이다. 많지 않아도 분명히 곳곳에 존재하며 지금도 계속해서 나오고 있다. A 빌라 등보다 많은 수익을 낸 물건도 있으나 확률이 적은 경우라 이번 설명에서는 제외했을 뿐이다. 지금까지 말한 물건들은 충분히 도전해볼 수 있을 정도라고 판단되어 이 책에서 공유해본 것이다. 또한, 5,000만 원 미만의 금액대, 역과 학군 위주로만 검색했으며 층수도 4층 미만, 지역도 같은 지역이 중복되지 않게 찾은 사례들이다.

중복되는 지역 중에 좋은 수익을 낸 물건도 여럿 있다. 이런 물건들도 수익이 나는데 물건 찾는 범위를 좀 더 확장한다면 매도하는 데 시간이 오래 걸릴 수는 있겠지만 그 이상의 수익이 나는 물건도 충분히 있을 것이다. 시간을 들이면 누구라도 적은 금액으로 안전하게 투자할 수 있다. 그게 가능하다는 것을 필자의 사례와 다른 낙찰 사례들로 보여주고 싶었다.

아무것도 하지 않으면
아무 일도 일어나지 않는다

세상이 급속도로 바뀌면서 사람들의 투자도 빠르게 변화하고 있다. 주식, 채권, 리츠, 부동산, 현물 투자 등 다양한 연령층의 사람들이 다양하게 투자하고 있다. 이런 와중에 은행 예금은 1%대 혹은 그 이하로 떨어지고 물가는 그 이상으로 상승하고 있다. 즉, 은행에 돈을 넣을수록 내가 가진 자산이 줄어들게 된다. 결국 평생 일을 하며 살 수밖에 없다.

모두가 자유롭고, 여유로운 삶을 원한다. 그러나 모두가 그렇게 되지는 않는다. 아무것도 하지 않기 때문이다. 혹은 배우지 않고 재테크로 위장한 투기를 하는 것일 수도 있다.

필자는 특별한 사람이 아니다. 지극히 평범한 가정에서 자랐고,

평범한 대학교와 직장을 나왔다. 남들과 똑같은 삶을 살고 있던 사람이었다. 그런 필자가 바뀌게 된 계기는 무척 우연히 다가왔다. 재테크를 준비하고 있던 필자는 그 우연한 기회를 놓치지 않았을 뿐이다. 움직이고 있어야 내게 다가오는 기회도 잡을 수 있다. 또한, 계속해서 배움을 얻으려는 자세를 갖고 자신을 계발해야 한다. 안주하지 말고 계속 나아가야 한다.

경매는 독자 여러분의 생각만큼 어렵지 않다. 필자의 수강생 또한 처음에는 경매에 대한 편견을 갖고 있었으나 이제는 그 편견을 깨고 좋은 결과와 새로운 길을 발견했다고 이야기한다. 그 이야기를 들으니 '다른 사람들에게 움직일 계기를 제공했구나'라는 생각에 무척 기분이 좋았다.

좀 더 여유로운 삶을 원한다면 바로 움직여야 한다. 아주 사소한 움직임이라도 좋다. 그 한 발자국이 독자 여러분의 인생을 바꾸는 계기가 될 수 있다고 확신한다. 독자 여러분의 도전을 응원한다.

1년단 3번 경매로 연봉을 번다

2022년 2월 23일 초판 1쇄 인쇄
2022년 3월 2일 초판 1쇄 발행

지은이 | 유재현
펴낸이 | 이종춘
펴낸곳 | (주)첨단

주소 | 서울시 마포구 양화로 127 (서교동) 첨단빌딩 3층
전화 | 02-338-9151
팩스 | 02-338-9155
인터넷 홈페이지 | www.goldenowl.co.kr
출판등록 | 2000년 2월 15일 제2000-00003호

본부장 | 홍종훈
편집 | 전용준, 홍종훈
전략마케팅 | 구본철, 차정욱, 나진호, 이동후, 강호묵
제작 | 김유석
경영지원 | 윤정희, 이금선, 최미숙

ISBN 978-89-6030-594-6   13320

황금부엉이에서 출간하고 싶은 원고가 있으신가요? 생각해보신 책의 제목(가제), 내용에 대한 소개, 간단한 자기소개, 연락처를 book@goldenowl.co.kr 메일로 보내주세요. 집필하신 원고가 있다면 원고의 일부 또는 전체를 함께 보내주시면 더욱 좋습니다. 책의 집필이 아닌 기획안을 제안해주셔도 좋습니다. 보내주신 분이 저 자신이라는 마음으로 정성을 다해 검토하겠습니다.